コピーに書くだけ！

手書きで さくさく クラスだより

チャイルド本社

コピーに書くだけ！
手書きで さくさく クラスだより
CONTENTS

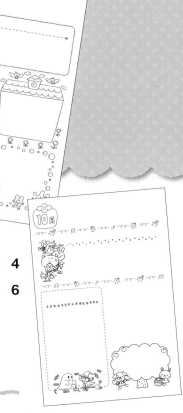

本書の使い方 ………………………………… 4

オススメ活用術 ……………………………… 6

おたよりフォーマット&文例

4月　おたよりフォーマット（縦／横）…………………… 8

　　　　書き出し&コラム文例 …………………………… 12

5月　おたよりフォーマット（縦／横）…………………… 14

　　　　書き出し&コラム文例 …………………………… 18

6月　おたよりフォーマット（縦／横）…………………… 20

　　　　書き出し&コラム文例 …………………………… 24

7月　おたよりフォーマット（縦／横）…………………… 26

　　　　書き出し&コラム文例 …………………………… 30

8月　おたよりフォーマット（縦／横）…………………… 32

　　　　書き出し&コラム文例 …………………………… 36

9月　おたよりフォーマット（縦／横）…………………… 38

　　　　書き出し&コラム文例 …………………………… 42

10月 おたよりフォーマット（縦／横）・・・・・・・・・・・・・・・・・・・・・・・・・・・ **44**
書き出し&コラム文例・・・・・・・・・・・・・・・・・・・・・・・・・・・・・・・ **48**

11月 おたよりフォーマット（縦／横）・・・・・・・・・・・・・・・・・・・・・・・・・・・ **50**
書き出し&コラム文例・・・・・・・・・・・・・・・・・・・・・・・・・・・・・・・ **54**

12月 おたよりフォーマット（縦／横）・・・・・・・・・・・・・・・・・・・・・・・・・・・ **56**
書き出し&コラム文例・・・・・・・・・・・・・・・・・・・・・・・・・・・・・・・ **60**

1月 おたよりフォーマット（縦／横）・・・・・・・・・・・・・・・・・・・・・・・・・・・ **62**
書き出し&コラム文例・・・・・・・・・・・・・・・・・・・・・・・・・・・・・・・ **66**

2月 おたよりフォーマット（縦／横）・・・・・・・・・・・・・・・・・・・・・・・・・・・ **68**
書き出し&コラム文例・・・・・・・・・・・・・・・・・・・・・・・・・・・・・・・ **72**

3月 おたよりフォーマット（縦／横）・・・・・・・・・・・・・・・・・・・・・・・・・・・ **74**
書き出し&コラム文例・・・・・・・・・・・・・・・・・・・・・・・・・・・・・・・ **78**

選んで楽しい！ 追加用イラスト

春の行事&園生活・・・・・・・・・・・・・・・・・・・・・・・・・・・・・・・・・・・ **80**

夏の行事&園生活・・・・・・・・・・・・・・・・・・・・・・・・・・・・・・・・・・・ **82**

秋の行事&園生活・・・・・・・・・・・・・・・・・・・・・・・・・・・・・・・・・・・ **84**

冬の行事&園生活・・・・・・・・・・・・・・・・・・・・・・・・・・・・・・・・・・・ **86**

子ども・・ **88**

誕生日・・ **92**

グッズ・・ **93**

健康・生活・食育・安全・・・・・・・・・・・・・・・・・・・・・・・・・・・・・・・ **94**

自然・生き物・・・・・・・・・・・・・・・・・・・・・・・・・・・・・・・・・・・・・ **96**

数字・見出し・・・・・・・・・・・・・・・・・・・・・・・・・・・・・・・・・・・・・ **97**

イラスト付き見出し・・・・・・・・・・・・・・・・・・・・・・・・・・・・・・・・・ **98**

タイトルスペース・飾り罫・・・・・・・・・・・・・・・・・・・・・・・・・・・・・ **100**

フレーム・・ **102**

本書の使い方

手書きのクラスだよりがさくさく作れちゃう！
本書の使い方をご紹介します。

作ってみよう！ 基本編

❶ おたよりフォーマットをコピーする

・ぎゅっと押し当てながらコピーしてください。
・A4サイズにするときは、115％に拡大してください。

❷ 記入する

こんなとき どうする？ 応用編

隙間が 空いてしまう

↓

便利な追加用イラスト（P.80〜）をたくさんご用意しました。コピーして隙間に貼りましょう。

フォーマットの 枠がない所は 何？

↓

フリースペースです。コラム文例もきれいに入ります。イラストや子どもたちの写真を貼ってもOK！

書き出し文が 思いつかない…

↓

月ごとに、書き出し文例を掲載しています。子どもたちの姿に合わせて、自由にアレンジして使えます！

イラストを 別のものに したい

↓

別のイラストをコピーして、上からのりで貼りましょう。

文章が まっすぐ書けない

↓

本書のカバーを外すと、裏表紙には、ガイドラインが入っています。これをコピーして、下敷きのようにフォーマットを重ねてください。ガイドラインが透けて、行が曲がらずに書きやすくなります。

→ p.6〜の完成例もチェック！

これなら 楽しくできそう！

ワクワク

しばらくして…

できた!!

4月

ジャーン

思ったより簡単♪

時短できたぶん 子どもたちに関わる時間が 増やせそうです！

Good!

5

これでバッチリ！ オススメ活用術

おたよりフォーマットの活用術をご紹介！
読みやすいおたよりを書くポイントにも注目です。

【元のフォーマットの例】

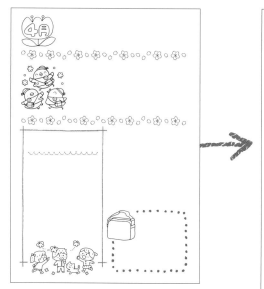

【完成例】

おたより名

担当者名・日付など

4月 きりんぐみだより

野原保育園
佐藤かおり
2020年4月2日

進級おめでとうございます！

園の桜も満開になり、うれしい進級の季節となりました。子どもたちは、新しい保育室でも、元気よく遊び、園生活を楽しんでいるようです。子どもたちが楽しくのびのびと生活できるよう、力を尽して参ります。

きりん組の1日の流れ ☺

7:00〜	順次登園
	自由遊び
9:30〜	朝の会
10:00〜	活動
11:20〜	給食
13:00〜	午睡
15:00〜	おやつ
	帰りの会
	自由遊び
16:00〜	順次降園

活動場所
保育室、園庭
プール、
くすの木公園
など

お願い

- すべての持ち物に名前をお書きください。消えかかっていないか、ご確認をお願いします。
- 製作で、空き箱を使いますので、ご家庭にありましたら、お持ちください。
- 9:00までの登園をお願いいたします。

担任紹介
今年度、きりん組を担当させていただく、佐藤かおりです。
保護者の皆様も気になることなどございましたら、いつでもお声がけください。よろしくお願いいたします。

イラストを追加

隙間には、追加用イラスト（P.80〜）を貼るのがオススメ。便利でかわいいイラストや描き文字の見出しがそろっています。

フリースペースの活用

コラム文例を入れたり、イラストや子どもの写真を貼ったり…。自由にご活用ください。

【元のフォーマットの例】

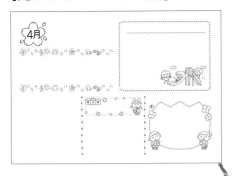

【完成例】

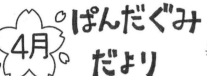

見出し

コーナーごとに見出しを入れると、何が書いてある
か、読み手に伝わりやすくなります。見出しは、他
の文字よりも大きな字で目立つようにしましょう。

4月 ぱんだぐみ だより

森野幼稚園
鈴木さおり
2020.4.5

入園・進級おめでとうございます。元気いっぱいの8人の子ども
たちを新しく迎え、今年度のぱんだ組の生活がスタートします。
子どもたちが毎日「幼稚園楽しい！」と笑顔で過ごせるよう、
一人ひとりの思いを大切にしながら関わっていきたいと思います。

お知らせ

✿ 入園式・進級式の写真 ✿
写真を掲示しますので、4月20日までに申し込んで
ください。

✿ 親子遠足 ✿
4月28日に親子遠足で
どんぐり山公園に
行きます。
※詳細は別途、プリントにて
お知らせします。

一年間よろしくお願いします

担任の 鈴木さおり です。
昨年は年長組の担任でしたので、久しぶ
りの小さいお友達との出会いにワクワクし
ています。
わたしは体を動かすのが大好きです。子ど
もたちといっしょに踊ったり、おにごっこをし
たり、たくさん遊びたいと思っています。スキ
ンシップを大事にしながら、一日も早く子ども
たちと仲よくなれるようにしていきます。
おうちでの様子など、なんでも教えてく
ださい。どうぞよろしくお願いします。

4月の予定

4月1日 ： 入園式・
　　　　　進級式

4月10日 ： 身体測定

4月17日 ： 誕生会

4月28日 ： 親子遠足

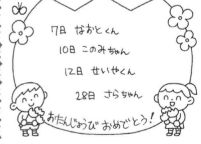

4月生まれの お友達

7日 なおとくん

10日 このみちゃん

12日 せいやくん

28日 さらちゃん

おたんじょうび おめでとう！

読みやすいおたよりのPoint

**Point 1　内容を
詰め込み過ぎない**

　びっしりと文字が詰まったおたよりは読みにくく、
保護者が大切な内容を読み飛ばしてしまう原因にも…。
書く内容を絞って、短くまとめましょう。

**Point 2　文字の大きさや
行をそろえる**

　文字の大きさがそろっていて、行がまっすぐだと、
読みやすくなります。本書の裏表紙のガイドライン
もご活用ください。

4月

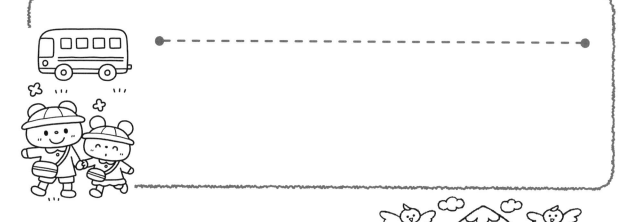

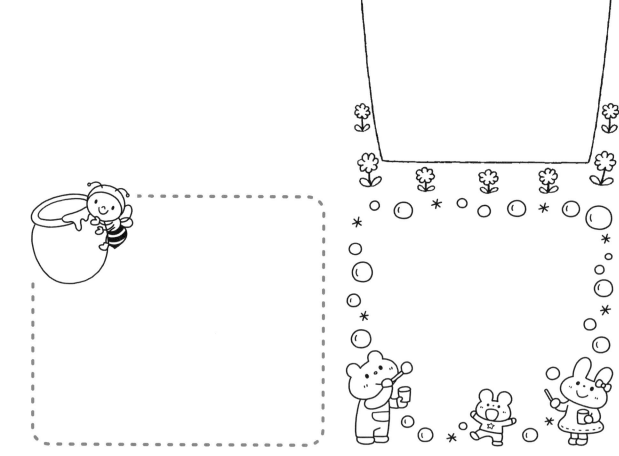

A4サイズにするときは、115％に拡大コピーをしてください。

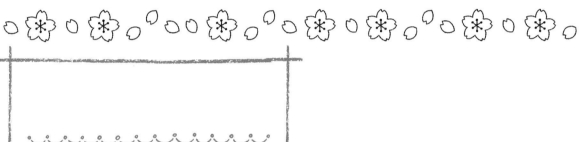

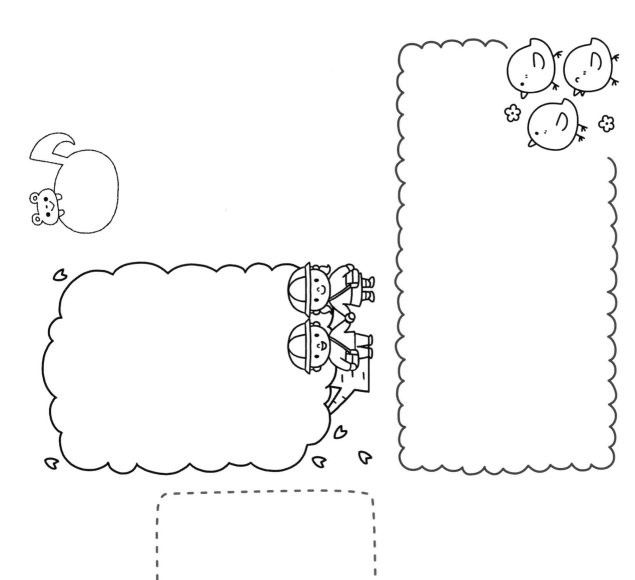

A4サイズにするときは、115％に拡大コピーをしてください。

A4サイズにするときは、115％に拡大コピーをしてください。

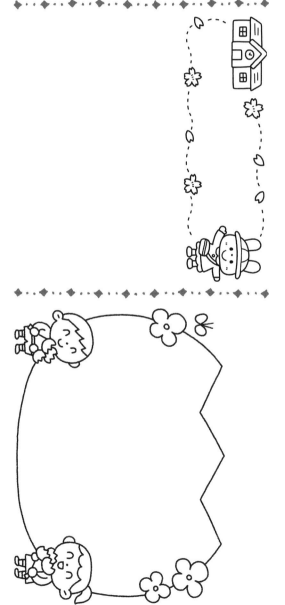

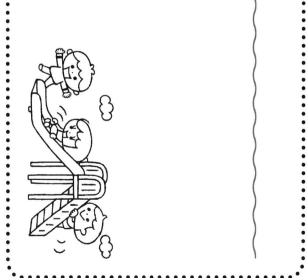

4月 書き出し&コラム文例

4月の挨拶

●園庭のチューリップがきれいに咲いているなか、〇名の新しいお友達が入園しました。
●暖かくなり、戸外遊びも気持ちよい季節です。子どもたちは真剣な表情で、夢中になって砂遊びをしていました。
●天気のよい日は、散歩に出て春の自然探しを楽しんでいます。草花や小さな虫を見て大喜びしている子どもたちです。

4月の子どもの姿

●なにもかも新しい環境で、慣れずに大泣きしている新入園児も、おもしろそうなおもちゃを見つけると泣きやみ、遊び始めます。
●慣らし保育も終わり、だいぶ園に慣れてきました。食事もおいしそうに食べ、お代わりもしています。
●新しいクラスの担任や環境にも少しずつ慣れてきましたが、慌てずにゆっくり生活していきたいと思います。

入園おめでとう

●入園おめでとうございます。子どもたちにとってもご家族の皆様にとっても園が新しい出会いと親睦、交流の場になるとよいですね。
●〇人のかわいいお友達が新たに仲間入りをしました。子どもたちは桜の花びらが舞うなかを登園し、元気な顔を見せてくれました。
●入園おめでとうございます。不安で泣いてしまう子、目新しいおもちゃで黙々と遊ぶ子とさまざまですが、一人ひとり大事に保育をしていきたいと思います。

進級おめでとう

●進級おめでとうございます。きょうからいよいよ新しいクラスですね。子どもたちの顔も少し大人びて見えます。
●〇〇組になり、新しいお友達が仲間入りして、みんな興味津々です。早くいっしょに遊べるとよいですね。
●「〇〇組になったよ」とうれしそうに話してくれる子どもたち。どことなく誇らしげです。

慣らし保育

●慣らし保育では、親子でいっしょに過ごして、徐々に子どもだけで過ごすなど、無理のないように進めていきます。
●新しい環境はとても緊張します。少しずつ時間を延ばし慣らしていくことで、子どもの気持ちも和らいできます。
●慣らし保育も〇日目。最初は大泣きしていましたが、少しずつ新しい環境に慣れ、笑顔も見せてくれるようになりました。

春のお散歩①

●色とりどりの花を見ながら、ゆっくりお散歩を楽しんでいます。子どもたちに花飾りを作ってあげると、とてもうれしそうです。
●てんとうむしやちょうちょうを見つけて、興味津々な子どもたちですが、触ってみるのはまだちょっと怖いようです。
●春の日ざしを浴びてのんびりお散歩。子どもたちは犬や猫を見つけると、「ワンワン」「ニャンニャン」と指さしたり、近寄って触ろうとしたりしています。

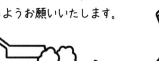

入園おめでとうございます

ご入園おめでとうございます。子どもたちにとっては、保育園という場が新しい生活環境になります。一日でも早く慣れてもらえるように職員一同、準備を進めてきました。お子さんが泣いている姿には、不安を感じられると思います。ですが、日一日と慣れていけると思いますので、いっしょに見守っていただけるようお願いいたします。

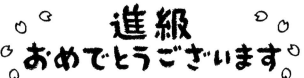

進級おめでとうございます

進級おめでとうございます。きょうからいよいよ新しいクラスがスタートしました。新しいクラスの帽子がよく似合っている子どもたち。新しい生活にちょっぴり緊張して疲れやすくなっていますので、ご家庭でも様子を見てあげてください。一年間、元気いっぱいに過ごしましょう。

4月の挨拶

●桜の花びらが舞い、すっかり暖かくなった、きょうこの頃です。
●心も体もワクワク、ウキウキ。穏やかな日ざしを浴びて、新生活のスタートです。
●園の桜も満開になり、うれしい入園・進級の季節となりました。

4月の子どもの姿

●子どもたちは新しい保育室でも元気よく遊び、園生活を楽しんでいるようです。
●園庭に落ちている桜の花びらを「きれい～！」と喜んで拾い集めて、ままごとに使って遊んでいます。
●新しい生活に少し緊張していた子どもたちも、だんだん慣れ、その子本来の姿を見せるようになりました。

入園おめでとう

●ご入園おめでとうございます。元気いっぱいの〇人の子どもたちを新しく迎え、今年度の〇〇組の生活がスタートします。
●おうちの方と離れ、初めてのことがたくさんの園生活が始まります。子どもたちが毎日「園って楽しい！」と笑顔で過ごせるよう、教職員一同、力を尽くして参ります。

進級おめでとう

●3歳児クラスは4歳児クラスに、4歳児クラスは5歳児クラスにと、1つずつ進級しました。ご家庭でのお子さんたちの様子はいかがでしょうか。
●〇歳児クラスのみなさん、進級おめでとうございます。新しく入ってきたお友達にも、優しくしてあげてくださいね。
●子どもたちは、友達といっしょに積み木をしたり、砂場で砂山を作ったりと、園ならではの遊びに夢中になっています。

懇談会

●懇談会では、子どもたちの園での様子をお話ししたり、ご家庭での様子を伺ったりしたいと思いますので、ぜひご参加ください。
●〇月〇日に懇談会を開催します。お子さんのことで心配なことはありませんか？ この機会にお話しして解消していきましょう。
●懇談会では、保護者の方同士での情報交換を通して、ともに子どもたちの成長を支えていきたいと思います。

保護者会

●今年度初めての保護者会を〇月〇日に行います。保護者の皆様と教職員、また保護者の方同士がお話しできる機会ですので、お忙しいと思いますが、ぜひご参加くださいますようお願いいたします。
●園全体のこと、クラスの様子や今後のことについて、保護者の皆様にお伝えしたいと思います。お子さんの成長のため、ご家庭と園の連携を深めていきましょう。

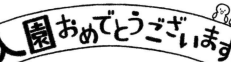

入園おめでとうございます

いよいよ園生活が始まり、子どもたちは初めて集団生活に入ります。喜んで園にやってくる子、登園を渋る子など、反応はさまざまです。喜んで園に来ている子も、友達と関わるなかでトラブルが起きて園を嫌がることが出てくるかもしれません。でも大丈夫。そのうち園生活を楽しめるようになります。なにか心配なことがありましたら、いつでもご相談ください。

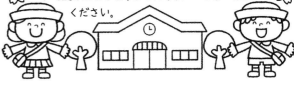

進級おめでとうございます

新しい名札、友達、ロッカー…など新しいことずくめでワクワク、ドキドキの子どもたち。張り切っている姿がとてもうれしいです。「やってみたい」「がんばっている」という子どもたちの思いを応援していきます。
一方、進級のうれしさには不安もつきものです。一人ひとりの様子に合わせて、ていねいに関わっていきます。おうちの方も進級をいっしょに喜びながら、心配なことはどうぞおっしゃってください。

一年間よろしくお願いします

担任の　　　　　　　　　　です。
昨年は年長組の担任でしたので、久しぶりの小さいお友達との出会いにワクワクしています。
わたしは体を動かすのが大好きです。子どもたちといっしょに踊ったり、おにごっこをしたり、たくさん遊びたいと思っています。スキンシップを大事にしながら、一日も早く子どもたちと仲よくなれるようにしていきます。おうちでの様子など、なんでも教えてください。どうぞよろしくお願いします。

5月

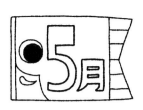

* * * * * * * * * * * * *

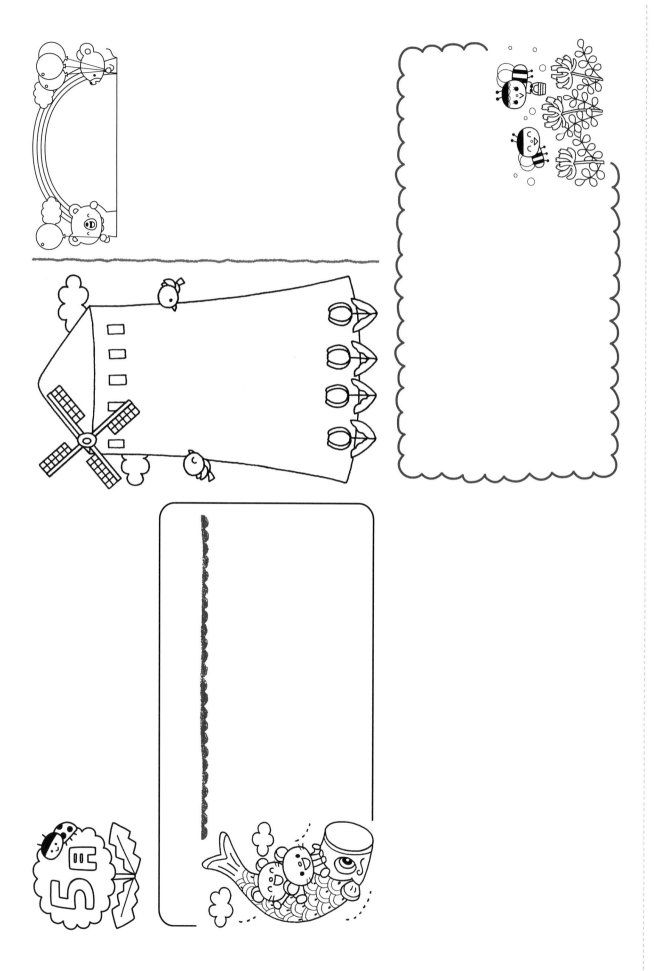

おたより
フォーマット

A4サイズにするときは、115％に拡大コピーをしてください。

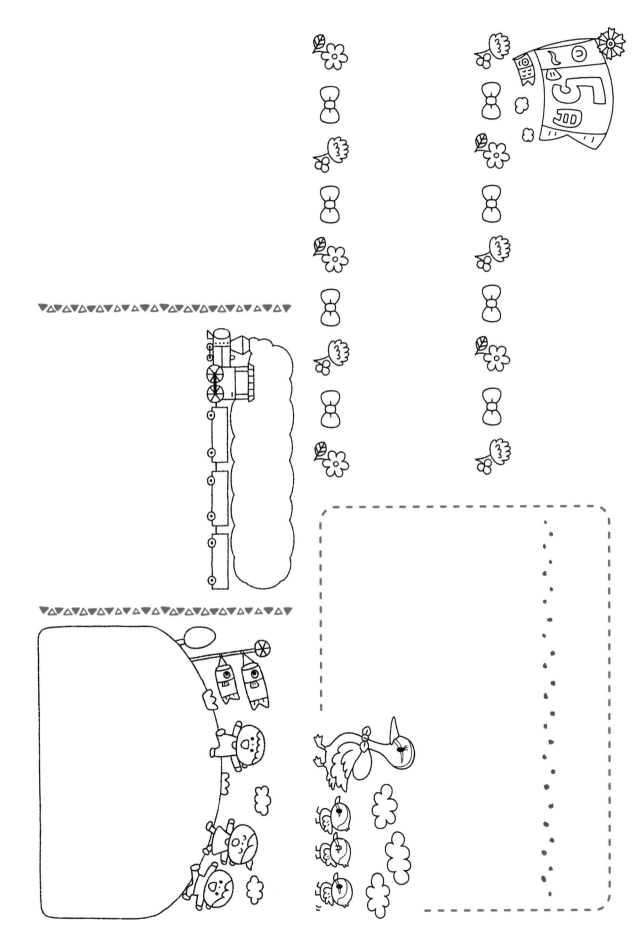

おたより
フォーマット

A4サイズにするときは、115％に拡大コピーをしてください。

5月 書き出し＆コラム文例

トイレトレーニング

トイレトレーニングは「焦らず、急かさず、ゆったりと！」。おしっこの間隔が長くなり、おむつがぬれていなかったら、便器に座るよう声かけをしてみましょう。大切なのは、大人が目を合わせ、話しかけながら、楽しく行うこと。おしっこが出たらともに喜び合い、少しずつトイレのタイミングを覚えていきます。もし途中で失敗しても「大丈夫、大丈夫！」が合言葉。最初は目覚めたあとなど、区切りのよいところでトイレに誘うとよいでしょう。

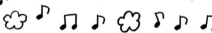

いつもありがとう

「いつもごはんを作ってくれる」「お洗濯してくれるの」などお母さんについて話をしながら、「ありがとう」の気持ちを込めていっしょうけんめい母の日のプレゼントを作りました。

忙しいときに泣かれたりだっこをせがまれたりすると、思わず叱ってしまったり、それで落ち込んだりすることもあるかもしれません。

日々たいへんですが、子どもはちゃんと見ています。そんな子どもたちからの「ありがとう」のプレゼントに少しでも癒やされていただければと思います。

5月の挨拶

- 入園、進級してもう1か月。子どもたちは、新しい環境にも慣れ、ゆったりと過ごしています。
- 気持ちのよい風を感じる新緑の季節になりました。子どもたちは毎日を元気に過ごしています。

5月の子どもの姿

- 新入園児・進級児ともに少しずつ新しい環境に慣れ、園庭で元気に遊ぶ姿が見られるようになってきました。空を見上げ、大好きな飛行機に手を振る子どもたちも。
- たくさんの「初めて」に囲まれ、緊張した表情の子もいますが、笑顔で遊ぶ姿も見られるようになりました。

行事など

- ゴールデンウィークが近づいてきました。新しい環境でひと月がたち、疲れが出やすい頃なので、お出かけの際は、子どものペースに合わせて無理のないように楽しんでくださいね。
- こいが滝をのぼりつめると、立派な龍になるといわれていました。こいのぼりには、そのこいのようにのぼりつめて立派な人になるようにという願いが込められています。
- 子どもたちが元気に大きくなりますように。園庭を元気に泳ぐこいのぼりの姿を見て、ごいっしょにお願いをしてみませんか。

健康・生活

- 新しい環境に慣れ始めたこの時期。緊張が解けると同時に季節の変わり目で体調を崩しやすくなります。熱が出たり、寝つきが悪くなったり、夜泣きすることもありますので早めに寝かせ、一日の疲れが取れるリズムを作っていけるとよいですね。
- 少しずつ暑くなってきます。気がつくと子どもに発疹が出ていることも。発熱を伴うときは、はしかや風疹、水ぼうそうなど、周囲のお友達にうつる病気かもしれないので、まずは病院へ。
- おむつかぶれが長引くときはお医者さんに行きましょう。

懇談会

- ○月○日は○○組の懇談会です。お忙しいこととは思いますが、ぜひご参加ください。当日は、フリートークの時間をたくさんとり、育児の楽しみや悩みも話し合って、共有できたらと考えています。

春のお散歩②

- 新しい環境にも慣れ、お散歩カーを使ってお散歩デビュー。池では大きなお友達が捕ったおたまじゃくしに興味津々です。
- ちょっと歩いては花びらをつまんだり、ありやだんごむしをしゃがんでじっと見つめたり。春の季節を満喫しています。
- 5歳児のお友達と近くの公園までお散歩。5歳児さんは「疲れてない？」「お花きれいね」と、先生のように話しかけ、○○組の子どもたちはうれしそうにうなずいたり「手をつないで〜」と甘えたりする姿が印象的でした。

5月の挨拶

●新緑が鮮やかで、とても心地よい季節になりました。子どもたちは入園、進級してから1か月が過ぎ、園の生活にも慣れてきたようです。

●「♪やねよりたかい こいのぼり〜」と、子どもたちがニコニコ笑顔で、青空を力強く泳ぐこいのぼりを見ながらうたっています。子どもたちののびのびと活動する声が、園にあふれています。

5月の子どもの姿

●5歳児クラスになって1か月。朝、登園してくる3歳児に優しく声をかけ、手をつないで保育室まで案内している姿も見られます。ほほえましく、頼もしく感じる毎日です。

●緑がまぶしい5月。進級した環境にも慣れて、すっかりお兄さん・お姉さんになりました。お友達と楽しく遊ぶ子どもたちの様子にも、まぶしさを感じます。

行事など

●共同製作でこいのぼりを作りました。大空を泳ぐこいのぼりのように、元気に力強くと願い、園庭に飾りました。

●「♪はしらのきずは おととしの…」。この歌のように幼い頃の思い出を、子どもたちにもお話ししていただけたらと思います。

●「似合うかな」と、お母さんをイメージしてアクセサリーを作りました。恥ずかしそうに渡す子どもたちが印象的でした。

お弁当

●お弁当の蓋を開け、「わぁ〜」と歓声をあげる子どもたちの顔は、うれしさと驚きにあふれています。

●「見て見て〜、たこさん」などと、お弁当に入っている物をうれしそうに保育者に報告してくれます。

●「トマトが入っている人、手を挙げて」と1人が言い出すと、他の子が「ブロッコリーが入っている人、手を挙げて」などと言い出し、みんなで楽しんでいます。

家庭訪問

●園で遊んでいる子どもたちが、ご家庭や地域でどのように過ごしているのかを知り、今後の指導の参考にしたく、家庭訪問を実施させていただきます。

●○月○日より家庭訪問を行います。園での姿だけでなく、ご家庭でのお子さんの姿を知り、保護者の方とともにお子さんの成長を願い、指導の参考にしていきたいと考えています。

春の遠足

●新緑がキラキラと光り、爽やかな風が吹く季節。○月○日に○○公園に遠足に行きます。心地よい日ざしのなか、元気いっぱい遊んできたいと思います。

●子どもたちが楽しみにしている遠足！ 今年度初めての遠足を○月○日に行います。春を感じながら、みんなと○○公園で楽しく遊んだり、お弁当を食べたりします。

お弁当が始まります

　月　日からお弁当が始まります。「ぼくはおにぎり」「わたしはサンドウィッチ」などと言い合って、お弁当を楽しみにしている子どもたちもたくさんいます。始めのうちは、好きな物を中心に入れたり、食べやすくかわいい形にしたりすると、食べることが楽しいという気持ちがもてるようになることでしょう。また、ランチョンマットやお箸などの準備は整いましたか？ もう一度、点検をしてみてください。

お弁当のこつ

　「明日はお弁当？」「わたしのお弁当箱はね…」と、おしゃべりのなかにも、お弁当を心待ちにしている様子が伝わってきます。

　初めてのお弁当のこつは…

☆食べやすく ☆量は控えめに です。

「全部食べられた！」という達成感が自信につながります。「足りなかったよ、もっと入れて」という声が聞こえたら最高！

　おうちの方も気軽に、お弁当作りを楽しんでくださいね。

新入園児歓迎会

　新しく入園したお友達の歓迎会を行います。5歳児クラスと4歳児クラスは、歌やダンスの練習をしたり、クラスの紹介や園内の施設などを絵に描いたりして、準備を進めてきました。みんなでいっしょに歌をうたったり、手遊びをしたりする企画もあります。歓迎会を通じて、あらためて園って楽しい所だな、と思っているようです。ご家庭でも、ぜひ感想を聞いてみてください。

6月

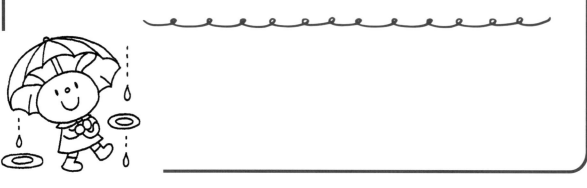

おたより
フォーマット

A4サイズにするときは、115％に拡大コピーをしてください。

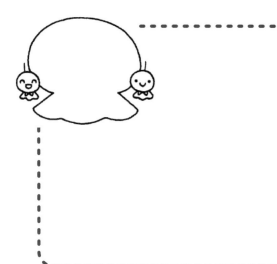

A4サイズにするときは、115％に拡大コピーをしてください。

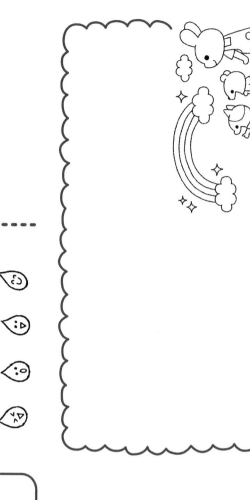

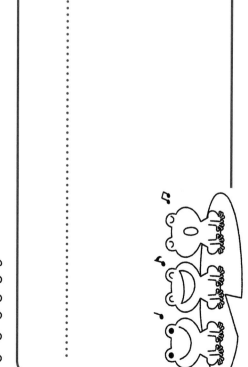

6月

おたより
フォーマット

A4サイズにするときは、115％に拡大コピーをしてください。

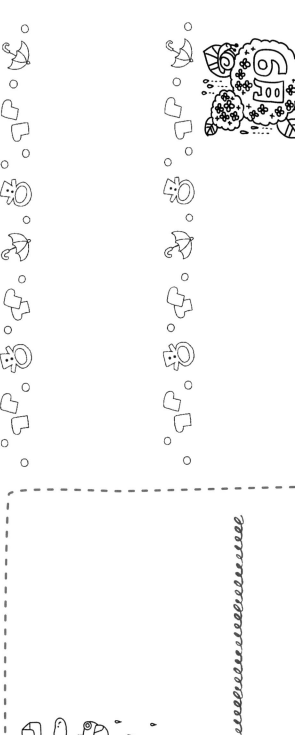

6月 書き出し＆コラム文例

6月の挨拶

●梅雨に入り、蒸し暑い日も多くなってきましたが、室内遊びをくふうして、心地よい環境で過ごせるようにしていきます。

●色とりどりのあじさいが咲き、散歩が楽しい季節になりました。天気のよい日には外でのびのび遊んでいます。

6月の子どもの姿

●よく眠り、よく食べて、よく遊ぶという生活のリズムがとても大切な時期。ご家庭といっしょに、リズムのある生活を進めていきたいと思います。

●離乳食や完了食は、ご家庭と連絡をしっかりとりながら、その子に合った進め方をしていきたいと思います。

父の日

●子どもとお父さんの写真を見ながら、「きょうは父の日だね」と、感謝の気持ちを込めて、お父さんについて話してみるのも、すてきなことですね。

衣替え

●衣替えの季節です。気温や体調を考えながら薄着で過ごしていきますので、半袖、半ズボンなどの準備をお願いします。

●衣類は汗をよく吸い取り、脱ぎ着しやすい物がよいですね。着替えも少し多めにご用意をお願いします。

家庭生活

●一日の生活リズムを作ることが大切な時期です。早寝、早起きを心がけて、子どもの生活リズムを作っていきましょう。

●休日も遠出や人混みを避けたり、散歩や午睡の時間をきちんととったりしながら、穏やかに過ごしましょう。

健康・虫歯予防

●梅雨の時期は体調を崩しやすいので、水分補給や無理のない生活を心がけて、健康に十分気をつけていきましょう。

●食後には、水を飲んで口の中をきれいにしたり、甘い物を控えたりすることで、虫歯の原因を作らないことが重要です。

●歯磨きはリラックスしながら、年齢に応じたやり方で、大人がしてあげましょう。

食育

●食材を見える所に置いたり、果物を目の前でむいたりすることで、食べることを楽しめるようくふうしています。

●簡単な絵や紙芝居を使って、かむことの大切さを伝えたり、「いろいろな物を食べるとかぜをひかなくなるよ」「大きくなるよ」などと話したりしています。

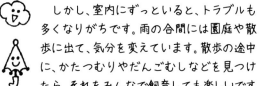

梅雨の季節には

この時期は外に出られない日も多くなりますが、保育室内の装飾を明るくして、楽しい遊びをたくさんやっていきます。

しかし、室内にずっといると、トラブルも多くなりがちです。雨の合間には園庭や散歩に出て、気分を変えています。散歩の途中に、かたつむりやだんごむしなどを見つけたら、それをみんなで飼育しても楽しいですね。子どもたちといっしょに梅雨をエンジョイしながら、乗り切っていきたいと思います。

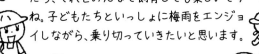

感謝の気持ちを伝えましょう

「　　　ちゃんのお父さんのお仕事はなに？」「　　　ちゃん、パパとどんなことして遊ぶの？」などと話しながら、保育者といっしょにプレゼントを作りました。ご家庭では、お父さんの好きな料理を子どもといっしょに作るのもよい方法です。お父さんもきっと大喜びで、ますます張り切られることと思います。

6月の挨拶

● 入園、進級してから2か月が過ぎ、子どもたちも徐々に園生活に慣れてきたようです。
● さまざまな場所で、美しく咲いたあじさいを見ることができる季節となりました。
● 大人にとっては「あいにくの雨」と言いたいところですが、子どもたちは雨も大好きなようです。

6月の子どもの姿

● 園内には子どもたちの明るく元気な声が響いています。
● 園内の様子がわかってきて、緊張感が薄れる時期。トラブルが起きた際も、解決できるように援助していきたいと思います。
● 6月は仲よしの友達が見つかり、楽しそうに園内をいっしょに歩く子どもたちの姿が見られます。

保育参観

● おうちの方や友達と遊んだゲーム。にぎやかな雰囲気が楽しかったようで、「また遊びたい」という声がたくさん聞こえてきました。
● ご参観いただき、ありがとうございました。園でのお子さんの様子はいかがでしたか。

運動会

● 子どもたちは集団生活にも慣れて、みんなでいっしょにダンスや競走などを楽しみ、元気いっぱいです。
● 子どもたちが走ったり、踊ったりする様子を見ていただける「運動会」を開催します。応援よろしくお願いします。

水遊び・プール開き

● だんだんと暑さを感じるようになり、水の感触が心地よい季節となりました。いよいよ水遊びが始まります。
● 日ざしの強い日が続いています。子どもたちが楽しみにしていたプールが始まります。

健康・虫歯予防

● ムシムシと蒸し暑い日が続きます。気温に応じた衣服の調節はもちろん、手洗いもしっかりして、食中毒の防止も心がけましょう。
● 園でも歯磨きを始めますので、歯ブラシとコップのご準備をお願いします。
● 汗をかき始める時期です。汗をかいても自分で拭けるように、ハンカチを持つ習慣をつけていきましょう。

食育

● お弁当や給食などの準備の仕方もわかり、スムーズにできるようになりました。
● 気温が高くなるにつれ、お弁当も傷みやすくなります。なま物は火を通して、また十分に冷ましてから、お弁当箱に入れるようにしましょう。

保育参観のお知らせ

保育室や先生にも慣れて、園での生活も順調です。6月の雨も気にせず、元気に体を動かして遊ぶ、子どもたちの姿が見られます。
こうした子どもたちの姿を保護者の方々にもご覧いただきたく、「保育参観」を計画いたしました。子どもたちは保護者の方がいらっしゃるのがうれしくて、いつもと違う行動をとるかもしれません。ご心配なときはいつでもご相談ください。

虫歯予防について

6月4日～10日は「歯と口の健康週間」です。歯はもって生まれた性質によって、虫歯になりやすい子、なりにくい子に分かれるようですが、幼児期は、ダラダラ食べを避けたり、歯磨きをしっかり行ったりすることで、虫歯を防ぐことができます。ご家庭でも、歯磨きの大切さを伝え、歯磨きをすることで口内がスッキリする気持ちよさを実感できるよう促していきましょう。

6月は食育月間です

毎年6月は食育月間です。食育といっても難しく考える必要はありません。特に幼児期の食育は、「食べることは楽しい」という気持ちを育てることができれば十分です。
園でも日々のお弁当や給食、そして園で栽培したなすを使ったおみそ汁を食べることなどを通して、「友達といっしょに食べることは楽しい」「なすが嫌いだったけれど、園のなすはおいしい」など、食べることへの意欲を育てています。

7月

A4サイズにするときは、115％に拡大コピーをしてください。

A4サイズにするときは、115％に拡大コピーをしてください。

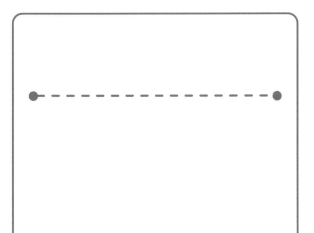

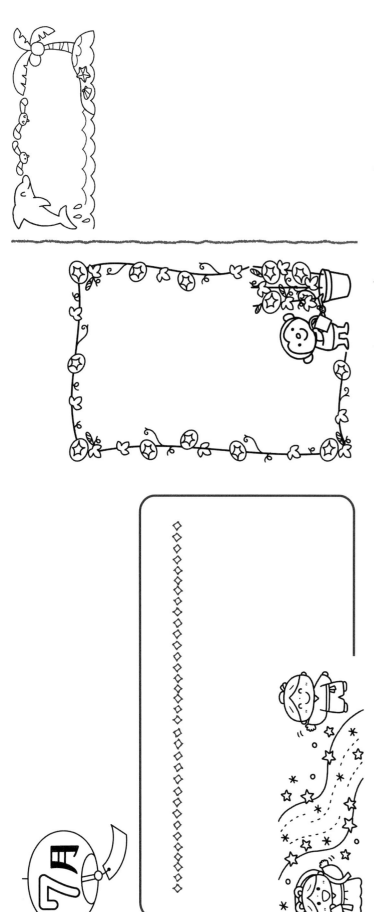

Ａ４サイズにするときは、115％に拡大コピーをしてください。

おたより
フォーマット

A4サイズにするときは、115％に拡大コピーをしてください。

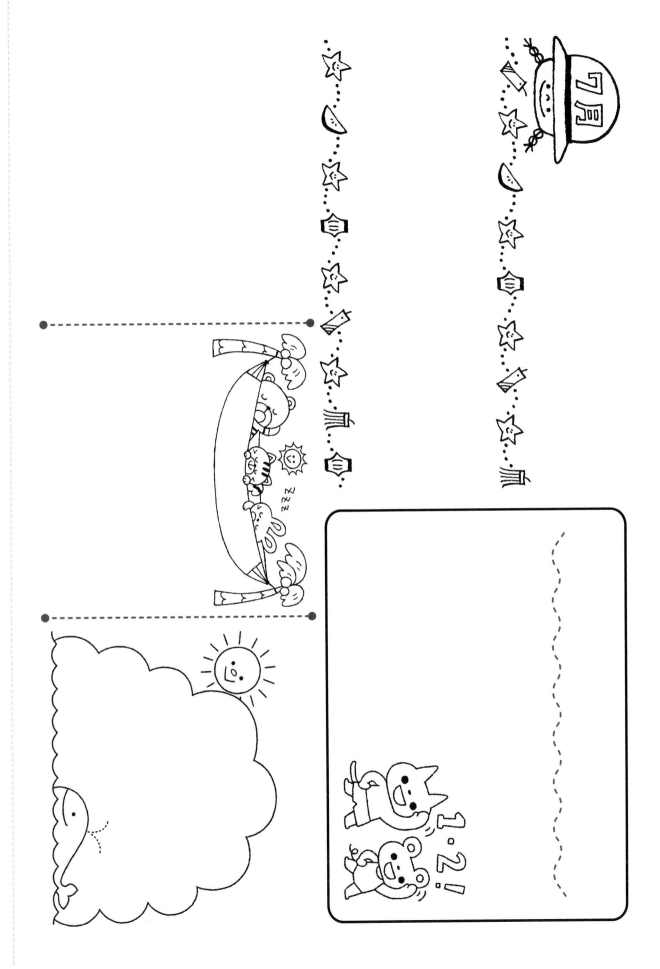

7月 書き出し&コラム文例

7月の挨拶
- ●梅雨も明け、本格的な夏の到来です。夏ならではの遊びで、子どもたちが十分に楽しめるようにしていきたいと思います。
- ●畑の野菜や花壇のひまわりが日一日と背を伸ばしていて、子どもたちも植物の生長に目を丸くしています。

7月の子どもの姿
- ●梅雨明けが待ち遠しい、この時期。蒸し暑かったり、肌寒かったりで、子どもたちは体調を崩しがちです。十分な睡眠や食事、水分補給を心がけましょう。
- ●入園して4か月。子どもたち一人ひとりのミルクの飲み方や食事の仕方を保育者が把握できるようになり、生活の流れも安定してきました。睡眠の難しかった子どもに対しても、寝かしつけるこつがわかり、スムーズに寝かせられるようになってきています。

七夕
- ●七夕にまつわる物といえば「竹」ですね。竹には七夕の日に神を迎え入れるという、神聖な意味があるようです。願い事を書いた短冊をつるして楽しみましょう。
- ●7月7日は七夕です。お母さんやお父さんの子どもたちへのメッセージや願い事を書いた短冊を、クラスのささに飾りました。色とりどりの飾りとともに短冊が風に揺られてとてもきれいです。
- ●0・1・2歳の乳児クラスで七夕集会をしました。「たなばたさま」をうたうと体を左右や前後に揺らして、リズムをとっていました。

水遊び
- ●お座りが安定してきた月齢の高い子どもと、水遊びを予定しています。最初は不安になる子どももいますので、保育者がついて、楽しめるように配慮したいと思います。
- ●沐浴の際、体が安定せずに怖がるようであれば、タオルを体に巻いて、腕と体が離れないようにすると、子どもは安心します。

生活
- ●夏休みに旅行などを計画されていることと思います。海や山などへ出かけるときは、熱中症予防のためにも帽子を忘れないよう気をつけてあげてください。
- ●夏の強い日ざしは、目に悪い影響を与えます。目の健康のためにも、つばの広い帽子をかぶるようにしましょう。

食育
- ●夏は食欲が低下しますが、しっかり食べなくては夏を元気に乗り切れません。この時期、体はエネルギーを消費しやすいので、肉など高カロリーな食材を摂取しましょう。
- ●きゅうりやなすなどの夏野菜は、ほてった体を冷ましてくれる、夏にぴったりの食材です。

水遊び

夏場は水遊びで汗を流したり、沐浴をしたりして、皮膚を清潔に保つことが大切です。

水遊びや沐浴の前に、子どもの健康状態をよく観察し、熱はもちろん、せきや鼻水、下痢、湿疹があるときもやめておきましょう。食事の直前・直後も避けます。時間は5～10分が目安で、水温はお湯を混ぜて25～28℃くらいに。水遊び用の遊具は毎回洗い、清潔に保管することも忘れずに行いましょう。

夏の午睡

乳児期は、体の発達の過程で汗腺が作られます。汗をかくことは大切なことで、それによって体温を調節する機能が発達します。蒸し暑い日が続くと、食欲が落ちたり、睡眠がとりにくかったりすることもありますので、エアコンを上手に利用したいものです。エアコンの風が子どもに直接当たらないようにする、眠ったら消すといったくふうも必要です。大人が「涼しい」と感じているとき、子どもは冷えすぎている場合もあるので注意しましょう。

7月の挨拶

- いよいよ7月。園庭からはせみの声が聞こえるようになり、夏本番となりました。
- 暑さにも負けず、園内では子どもたちの明るく元気な声が響き渡っています。
- 夏を待っていたかのように、園庭では朝顔のつぼみが見られ、色づき始めています。

7月の子どもの姿

- 子どもたちはたくさん汗をかきながらも、大好きなサッカーに熱中しています。
- なすやトマトなどの夏野菜が日々大きくなるのを楽しみに、子どもたちは毎日水やりをしています。
- 気温の上昇とともに、水遊びを楽しんでいます。プリンカップなどを使って、色水を作ったり、せっけんを混ぜてシャボン玉を作ったりして遊んでいます。

七夕

- 子どもたちは、織姫と彦星のお話が大好きです。保育者が読む絵本を夢中になって聞いています。
- 七夕のお話を楽しんだあと、友達といっしょに、輪飾りや三角つなぎなどの七夕飾り製作を楽しんでいます。
- 織姫と彦星が会えることを祈りながら、ご家庭でも子どもといっしょに夜空を見てはいかがでしょうか。新しい発見があるかもしれません。

プール遊び

- 夏の暑さとともにプールや水遊びが始まります。水着、ビーチサンダルなどの準備をお願いいたします。
- 水が苦手な子、好きな子など、さまざま。プールや水遊びでは、みんないっしょに水を楽しめるような環境を作りたいと思います。

夏休み

- 園での水遊びとはいえ、思わぬところで事故が起きないよう、安全点検や約束事の徹底を図りたいと思います。
- 子どもがいないがらんとした園にせみの声が響き渡っています。
- 長い夏休みが始まります。暑い日が続きますので、子どもの体調には十分留意されてお過ごしください。
- 各ご家庭で夏休みの計画を立てられていることと思います。日頃できない虫や植物の観察なども親子で楽しんでみてください。
- 長い夏休みは、日頃園ではできないことを体験できる、絶好のチャンスです。

生活

- 長時間、暑いなかにいたり、日ざしの強い所にいたりすると、子どもは疲れてしまいます。水分の補給をしっかりとし、さらに紫外線対策として、薄手の長袖を1枚持って出かけることをおすすめします。

七夕

絵本や紙芝居では、織姫と彦星のお話を見たり聞いたりする時間が増えました。星に興味を示す子どももいます。

七夕の夜に、織姫と彦星の2人が出会えるよう願いを込めて、いろいろな七夕飾りを楽しむ機会も作っていきたいと思います。輪飾りや三角つなぎ、四角つなぎなど、工作を通して図形にも興味が湧いたり、のりの使い方を知ったりする、よい機会にもなります。

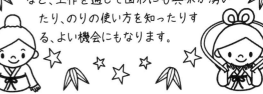

夏休みの約束

もうすぐ夏休み。毎日がお休みとなります。暑い日が続くこともあって、生活習慣も乱れがちです。

休みの間、一番大切なのは健康です。夜更かししないで睡眠時間を確保したり、冷たい物を食べすぎないようにしたり、けがや事故にあわないように安全を確保したりすることが必要です。

そのためにも、お子さんといっしょに夏休みの約束を話し合ってみましょう。

夏野菜の収穫

夏野菜には、園や家庭でも簡単に栽培できるものがたくさんあります。園では、子どもたちと育てたこれらの夏野菜の収穫を楽しみました。やおやさんやスーパーマーケットにある野菜が園でもとれて、子どもたちは不思議がったり、喜んだり。きゅうりのトゲトゲやトマトの匂いなどを感じたり、試食をしたりして、旬のおいしさを感じています。

8月

おたより
フォーマット

A4サイズにするときは、115％に拡大コピーをしてください。

8月

A4サイズにするときは、115％に拡大コピーをしてください。

おたより
フォーマット

A4サイズにするときは、115％に拡大コピーをしてください。

おたより

A4サイズにするときは、115％に拡大コピーをしてください。

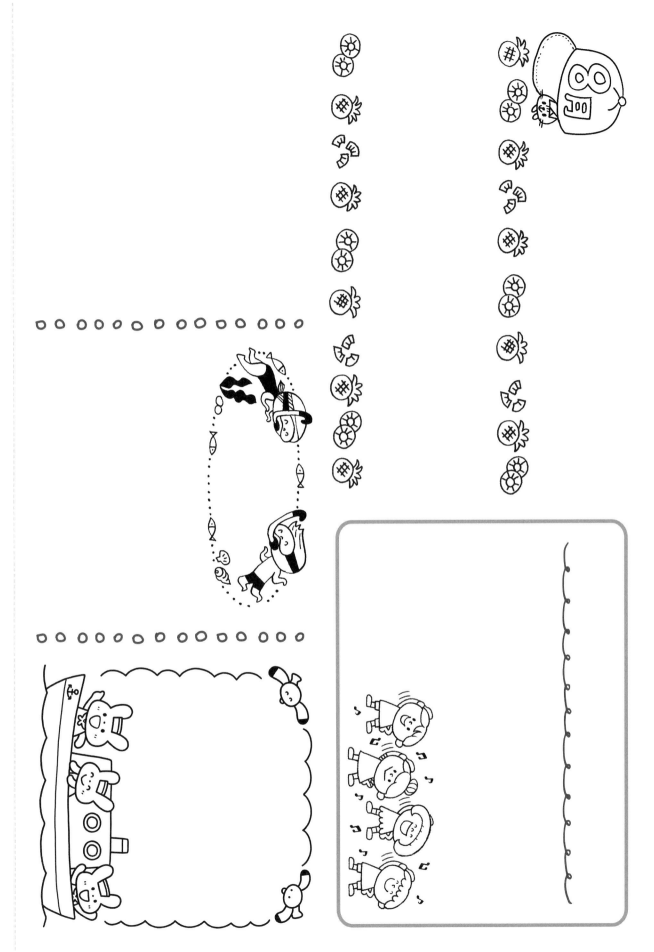

8月 書き出し＆コラム文例

8月の挨拶

● 暑い日が続いていますが、子どもたちは元気いっぱい。毎日プールや水遊びを楽しんでいます。

● 待ちに待った夏休み。海や山などに行き、日頃経験できないことを思い切り楽しみましょう。

8月の子どもの姿

● 園庭のひまわりが咲き、子どもたちも大喜び。保育者といっしょに水やりをしています。

● 月齢差が大きいので、発達に合ったおもちゃや遊びコーナーなどを設定して、落ち着いて遊べるようにしていきたいと思います。

生活

● 汗をかきやすい季節になりました。沐浴や水遊びなどで皮膚を清潔に保ち、保育室の温度や湿度にも気をつけています。

● 寝苦しい日が続き、睡眠不足になりがちです。寝冷えに気をつけながら、エアコンなどを上手に使って、十分に睡眠をとれるようにしましょう。

● 夏休みは生活リズムが乱れがちに。子どもたちは無理をすると病気になることもあります。十分に配慮しましょう。

● 海や山などに行く絶好の季節。無理のない計画を立て、家族の思い出作りをしてみてはいかがですか。

夏季保育

● 夏休みは保育体制が変わりますが、ご家庭とのコミュニケーションを十分に取り、保育をスムーズに進めたいと思います。

● 暑い日の水遊びは気持ちのよいものです。水遊び用のおもちゃを用意し、安全に留意しながら楽しんでいきたいと思います。

● 夕方など涼しい時間帯に、せみなどの虫を探しに出かけるのもおもしろいものです。草花や虫などを見たり触ったりする経験も、子どもの成長にはとても大切です。

健康

● ヘルパンギーナなどの感染症に気をつけましょう。とびひやあせもなどにならないよう、吸湿性のある衣類を選ぶことも大切です。

● 虫さされもひどくなることがあります。虫さされ対策をしっかりと行うことが大切です。

● エアコンを使いすぎると体調を崩す場合があります。外気との気温差や風向きに配慮し、元気に過ごせるようにしましょう。

食育

● 暑さで食欲の落ちる季節です。のどごしがよく栄養がとれる献立にしたり、時には食事をパーティー風にアレンジして楽しんだりして、食が進むくふうをしていきましょう。

● 旬の果物や野菜のおいしさを伝えるために、実物に触ったり、丸かじりをしてみたりするのもよいですね。

● 給食のお手伝いとして、レタスをちぎったり材料を混ぜたりしました。簡単にできるクッキングをすることで、食への関心が湧き、苦手な食べ物にもチャレンジできるようになりました。

紫外線対策を

日ざしが強く、紫外線も気になる時期です。紫外線は目にも悪い影響を与える可能性も。目の健康のためにも熱中症対策にも、つばの広い帽子や、UVカット加工をした帽子などの利用がおすすめです。また、長時間、直射日光に当たらないように注意しましょう。

夏季保育について

子どもは水遊びやプールが大好き。暑い日はたっぷり楽しみたいものです。夏休みで子どもたちが少なくなるときなどは、日頃できないことをするのも一案。

暑いと子どもたちが疲れ気味なこともあります。そんなときにはいつもより保育の流れをゆっくりにし、睡眠をたっぷりとるようにしています。

活動と休息のめりはりをつけ、生活のリズムを整えていくことが大切ですので、健康的に楽しく夏を過ごしましょう。

8月の挨拶

- 長い夏のお休みですが、みなさんお元気ですか。
- 夏本番！ 日ざしがギラギラと輝く季節となりました。
- 園庭のひまわりが太陽の光を浴びて、気持ちよさそうにグングンと伸びています。

8月の子どもの姿

- 子どもたちは暑い夏の日ざしを受けながら、元気に遊んでいます。
- 長い夏のお休み、子どもたちは家族の方といっしょに、園では体験できないダイナミックな自然を満喫していることでしょう。
- 先日、夏休みのなか、〇〇ちゃんがうさぎの餌を持ってきてくれ、お花の水やりもしてくれました。

お泊まり保育

- お泊まり保育が近づいてきました。園では着々と準備を進めています。ご家庭で困ったことはありませんか？
- 「今度、園でお泊まりするんだよね」と、子どもたちの楽しみにしている声が聞こえます。
- 今年は地域の方々の協力を得て、おばけ大会なども行うことになりました。お楽しみに！
- 無事にお泊まり保育が終わりました。ご家族は心配だったことと思いますが、子どもたちはひと回り成長しました。
- お泊まり保育を経験した子どもたちは1人で泊まれたことで自信がつき、晴れ晴れとした表情をしています。
- 保護者の方々の想像以上に、家族と離れても子どもたちは元気で、友達とたくさんの話をして楽しく過ごしました。

夏祭り

- 今、地域では夏祭り間近！ 子どもが喜ぶ物もたくさん計画されています。ぜひ、ご参加ください。
- 今年は保護者の方のご協力を得て、盆踊りやヨーヨー釣りなどで楽しむ夏祭りを、園でも計画しました。
- 浴衣を着て盆踊りをしたり、かき氷を食べたり、日本ならではの夏祭り風景を楽しみましょう。

生活

- 毎日暑い日が続きます。外に出るときは必ず帽子をかぶるようにお子さんに声をかけましょう。
- 思い切り走り回って動いている子どもたち。知らぬ間に脱水症状にならないよう、水分補給を心がけてあげてください。
- あせもや湿疹を防ぐためにも、自分で汗を拭いたり、顔をこまめに洗ったりする習慣をつけていくことが大切です。

食育

- 園で育てて食べたピーマンやなすなどの夏野菜の話題は、ご家庭でも出ていますか？
- 暑くて食欲が落ちる時期ですが、少量でも栄養のある物をくふうして食べていきましょう。

お泊まり保育

夏の夜を友達といっしょに楽しく過ごすひとときを計画しました。家族と離れて泊まることが初めてのお子さんもいて、期待と不安が入り混じった気持ちでいることと思います。

子どもたちの安心と安全を守るためにも、教職員全員で準備に万全を期します。保護者の方にも、たくさんのご協力をいただくことになると思いますが、子どもたちの思い出作りのためにも、お力添えをお願いいたします。

冷たい物の食べすぎに注意

暑いと、大人も冷たい物が食べたくなります。子どもたちは、体のことを考えずに欲しがるものです。冷たい物はのどごしがよいのですが、食べすぎるのは体によくありません。

アイスクリームは1日にひとつまでと決めたり、そうめんやおにぎりなど、子どもたちが喜ぶようなメニューを食事に取り入れたりして、くふうをしながら食事の管理に気をつけましょう。

もうすぐ2学期

長い休みも終わり、いよいよ2学期が始まります。お子さんの体調はいかがですか。

ご家庭での生活に慣れ、登園を渋るお子さんもいるかもしれませんが、友達と遊ぶ楽しさや、園ならではの遊びを経験するうちに、園生活を思い出して意欲的に登園するようになります。心配なことは、いつでもご相談ください。お子さんの不安も取り除いていきたいと思います。

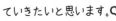

9月

A4サイズにするときは、115％に拡大コピーをしてください。

A4サイズにするときは、115％に拡大コピーをしてください。

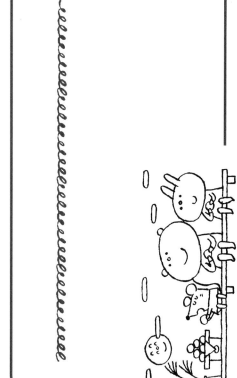

おたより
フォーマット

A4サイズにするときは、115％に拡大コピーをしてください。

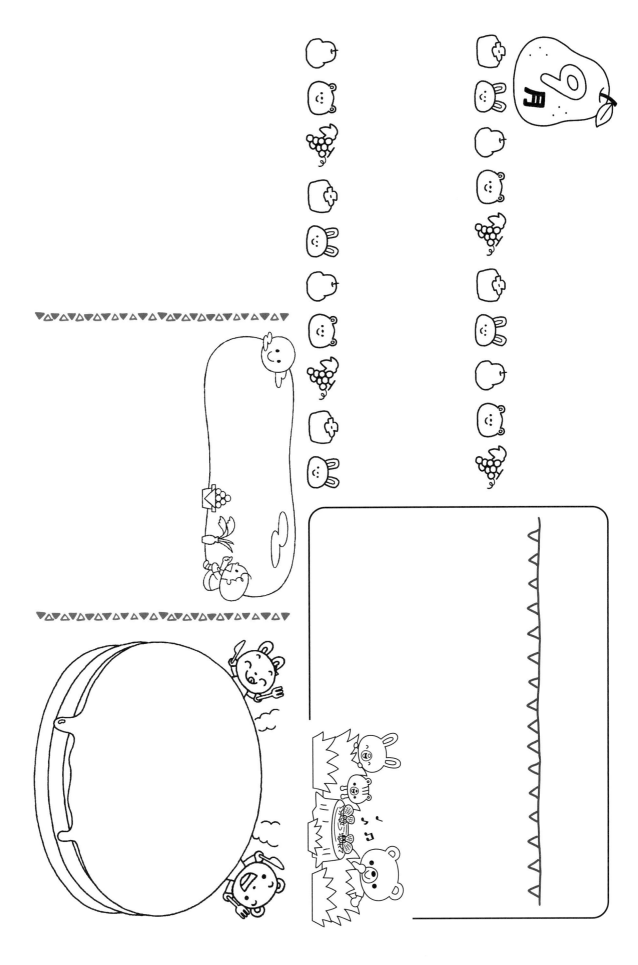

9月 書き出し＆コラム文例

敬老参観のお知らせ

園では敬老の日にちなんで「おじいちゃん・おばあちゃんと遊ぼう会」を行います。0・1・2歳児については保育参観を行い、いっしょに遊んだり散歩に行ったりして、子どもたちの生活を見てもらいます。

さらに、2歳児はいっしょに食事も楽しみます。普段、離れて住むお孫さんの様子を知ることができて、おじいちゃん、おばあちゃんにも好評です。

子どもの食べる意欲を育てよう

①食事は1日3回とおやつが基本。おやつをだらだら食べると、食事のときに食欲が出ず、肥満にもつながることも。時間を決めて食べましょう。

②手作りのよさを見直しましょう。調理する様子を見せたり、よい匂いをいっしょにかいだりして、五感から食欲を刺激します。

③体をたくさん動かして遊ぶことは大切です。心地よい食欲が生まれます。

9月の挨拶

●暑さはだいぶ和らいできましたが、季節の変わり目は体調を崩しやすいものです。健康管理に気をつけましょう。

●秋晴れの心地よい季節です。戸外で存分に体を動かして遊べるようになってきました。

●暑い夏が過ぎて、散歩に出るのにもちょうどよい外気温になってきました。

9月の子どもの姿

●朝晩は過ごしやすくなってきましたが、日中はまだ暑い日が続きます。汗かきの赤ちゃんには、皮膚のケアが大切です。ご家庭でも、お昼寝後は、沐浴をしたり体を拭いてあげたりするなどのご配慮をお願いいたします。

●子どもの動きには注意が必要です。ちょっとした段差でも子どもは転びやすく、大きなけがにつながります。屋内の環境を整えておくだけでなく、戸外遊びの際も、大人が周りに気を配り危険を察知することで、事故を未然に防ぐことができます。

●つかまり立ちや一人立ちができるようになると、子ども自身もうれしくて、「見て見て」と自慢するように、盛んにやってみせます。そんな子どもの気持ちを大切にして大人もいっしょに喜びながらも、転倒などの危険がないよう、注意しながら見守りましょう。

運動遊び

●子どもの運動機能は、遊びのなかで体を動かすことによって発達していきます。いろいろな体の動きを経験できるような遊びを用意することが大切です。

●子どもの前にお気に入りのおもちゃを置いて、はいはいやずりばいを促したり、時には大人も子どもの目線で寝転んでみたり、「待て待て」と追いかけて動きを促してみたりするのもおもしろいでしょう。

●体を大きく動かす時間も、座ってじっくりと手指を使って遊ぶ時間も、どちらも大切にしていきましょう。

敬老の日

●遠くに住むおじいちゃん、おばあちゃんのお話をしている子どもたち。今度会える日をとても楽しみにしている様子がうかがえました。

●おじいちゃんやおばあちゃんと電話で話したことを、保育者に教えてくれました。

お月見

●お月見にまつわる食べ物といえば、お月見だんご。月の見える所にすすきとおだんごを飾り、きれいな月を眺めます。子どもといっしょに、ゆったりとした気持ちで、夜空の月や星を観賞するのも楽しいものです。

●お月見にちなんで、園でも十五夜飾りを作りました。里芋、梨、さつまいも、ぶどうなどをそろえ、子どもたちとは小麦粉粘土で観賞用のおだんごを作り、ベランダに飾りました。

9月の挨拶

●暑いなかにも、ときおり涼しい風を感じるようになりました。
●9月になり、少しずつ過ごしやすくなってきました。
●入道雲からいわし雲など秋の雲へと、空が変化してきました。

9月の子どもの姿

●まだまだ暑い日もありますが、子どもたちは元気に遊んでいます。
●長い夏休みも明け、子どもたちは友達との再会を待ち焦がれていたかのように、喜んで遊んでいます。
●長く伸びた朝顔のつるや、たくさんの種など、子どもたちは夏の跡を見つけて、たくさんの発見をしています。

運動会

●友達といっしょに踊ったり、走ったりできる運動会を子どもたちは楽しみにしています。
●子どもたちは「よーい、ドン！」の合図が大好き。この言葉を聞くと、楽しそうに走り出します。
●5歳児クラスは、体操やリズムなどで、右、左、右、左と、友達と動きがそろう楽しさを味わっています。
●リレーの練習では、友達といっしょに「もう1回やろう！」と誘い合い、繰り返し挑戦している姿が見られます。

敬老の日

●核家族化が進み、お年寄りの方との触れ合いが少なくなっていませんか？ 園では交流の場を設けるべく、準備をしています。
●敬老の日には、園児のおじいちゃんやおばあちゃんだけでなく、地域のご高齢の方々も園にお招きしたいと思っています。

防災・安全

●災害に関して、ご家庭での対策や準備は万全ですか？
●避難訓練を重ね、子どもたちは園内の放送をきちんと聞いて行動できるようになってきました。
●時には、テレビや新聞などの災害の報道を子どもたちにも見せて、防災の必要性を伝えていきましょう。
●日々生活していくなかで、命を守る意味からも、交通安全指導はたいへん重要です。
●お子さんはどの程度、交通ルールを知っていますか？ 確かめてみましょう。知っていても行動が伴わないことも多いので、登降園時などで繰り返し伝えていくことが大切です。

食育

●これから少しずつ涼しくなっていきます。暑さで疲れた体をバランスのとれた食事で補い、生活リズムを整えていきましょう。
●収穫を喜び、秋の味覚を存分に味わいながら、魚や肉は体を作る、いも類はエネルギー源になるなどの食べ物の働きも、子どもたちに伝えていきましょう。
●秋は実りの季節です。暑さも和らぎ、子どもたちの食欲も増してきます。寒い冬に備えて体力を蓄え、元気に過ごせるように、いろいろな食材を食卓に並べましょう。

運動会

　天高く、馬肥ゆる秋。勉強に運動にと、心と体を動かすのに心地よい季節となりました。子どもたちは、友達といっしょに気持ちよさそうに走ったり、体操したりしています。
　運動会当日はたくさんのお客様を前に、緊張で力が十分に発揮できないことがあるかもしれません。でも、上手にできたこと、一生懸命がんばっているところを見つけて、たくさんほめてあげてください。

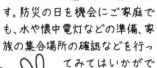

防災の日

　9月1日は防災の日。園でも日頃から、地震、火災などの避難訓練を実施しています。この日は保護者の方々のご協力も得て、引き取りの訓練を行いたいと思います。連絡を受けたら、速やかにお子さんのお迎えをお願いします。防災の日を機会にご家庭でも、水や懐中電灯などの準備、家族の集合場所の確認などを行ってみてはいかがでしょうか。

交通安全

　交通安全運動が始まります。園では警察の交通課の方を招いて、信号の見方や横断歩道の渡り方などを確認していきたいと思っています。
　子どもたちは大人のまねをします。園の行き帰りや買い物に行くときなども、交通ルールを守ることを意識してくださいますよう、保護者の方々にも、ご協力をお願いいたします。

10月

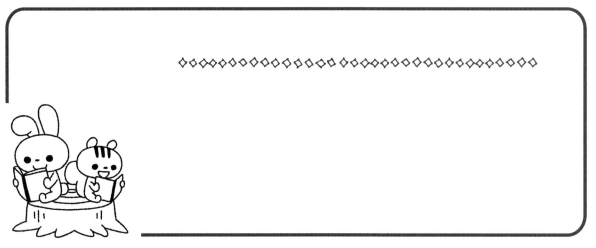

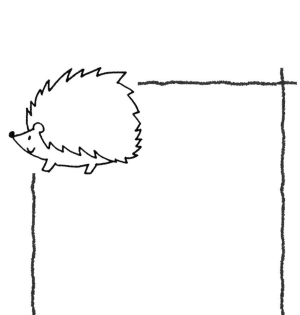

Ａ４サイズにするときは、115％に拡大コピーをしてください。

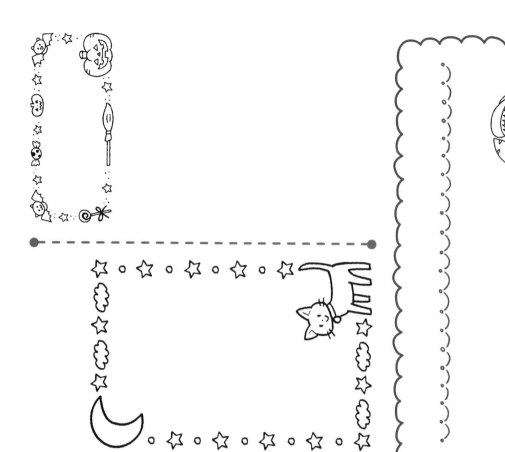

おたより
フォーマット

Ａ４サイズにするときは、115％に拡大コピーをしてください。

A4サイズにするときは、115%に拡大コピーをしてください。

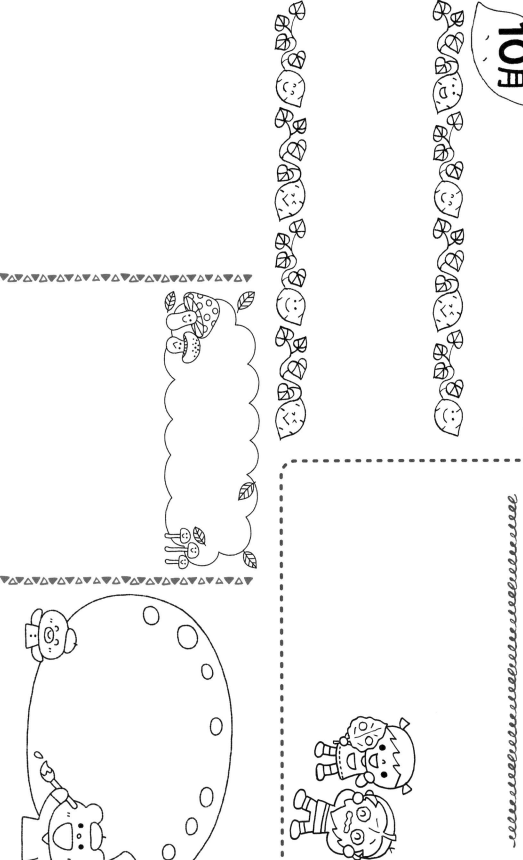

10月 書き出し＆コラム文例

10月の挨拶

● どこからともなくきんもくせいの香りが漂う、過ごしやすい季節になりました。天気のよい日は、散歩や外気浴を楽しみましょう。

● 食欲の秋です。よく食べて元気いっぱいな子どもたち。体をたくさん動かして遊びたいですね。

10月の子どもの姿

● 4月に入園した子どもたちの園生活も半年が過ぎ、一人ひとりの生活リズムもできて、落ち着いて過ごせるようになってきました。

● 発育に合ったおもちゃを用意すると、興味を示し、自分から遊ぶようになってきました。保育者から働きかけることで、いっそう遊びが充実していきます。

● 月齢の高い子どもたちは、友達への関心も高まってきました。お互いに笑い合ったり、まねをし合ったりして、楽しそうです。

ハロウィーン

● かぼちゃや魔女の装飾に大喜びの子どもたち。装飾を見ながら、ハロウィーンの話をしても楽しいですね。

● ご家庭でもお子さんとハロウィーンの飾りを作ったり、ハロウィーンにちなんだ絵本を読んだりしてはいかがでしょうか。

● 街に飾られているハロウィーンのかわいい飾りを見に行って、喜んでいる子どもたちです。

お店やさんごっこ

● 幼児クラスのお店やさんごっこで、乳児クラスもお買い物へ。お兄さん、お姉さんが作った品物を楽しそうに選んでいました。

● 2歳児クラスの子どもたちも、お店やさんごっこに参加します。自分が作った品物を選んで買ってくれると、うれしい気持ちでいっぱいになるようです。

● 買い物袋を提げてお店やさんごっこにやって来た子どもたち。たくさん並んでいる商品のなかからなにを買おうか、目をキラキラさせて選んでいます。

生活・衣替え

● 衣替えの季節になりました。気温の変化や体調に合わせて衣類の調節を心がけ、子どもが動きやすい物を選びましょう。

● 丈夫な体を作っていくために薄着はとても大事です。薄着の習慣をつけていくのにも絶好の季節ですが、無理をせず、体調や気温の変化に合わせて始めていきましょう。

● 子どもが元気に過ごすためには、生活リズムを整えることが大切。早寝早起きなど、規則正しい生活を心がけましょう。

食育

● 秋はおいしい食べ物がいっぱいです。給食で使う食材を見える所に置いて「きょうのごはんは〇〇かな？」などと話しています。

● さつまいもやりんごなど、秋の食材を使った簡単なクッキングに挑戦しました。子どもたちもお手伝いができて満足そうです。

● 園で育てている果物や野菜を、子どもたちといっしょに収穫して、みんなで食べておいしさを共有しました。

お話楽しいね

10月27日から「読書週間」が始まります。子どもにとって、本に触れることは大切な経験です。秋の夜長は、親子で絵本を読むのにぴったりですね。忙しい毎日をお過ごしかと思いますが、おうちの方の膝の上で絵本を読んでもらうと、子どもはとてもリラックスできます。

どんな絵本を選んだらよいのかわからないときは、保育者にご相談ください。本を好きな子になってくれるとよいですね。

もうすぐハロウィーン

日本でもすっかりおなじみのハロウィーン。この時期は、街のあちこちにかわいいかぼちゃちょうちんなどが飾られ、子どもたちも散歩しながら見るのを楽しみにしています。ご家庭でも簡単なハロウィーン飾りを作ってはいかがでしょうか。ハロウィーンを理解できない年齢の子どもたちですが、おうちの方といっしょになにかを作るのは大好き。楽しいひとときになることでしょう。

10月の挨拶

- いよいよ10月。今年度も半分が過ぎ、教育活動も充実してくる下期となりました。
- 園庭の木々の葉も色づき、草花にも実がたくさんついて、季節はもうすっかり秋です。

10月の子どもの姿

- すがすがしい秋晴れが続くなか、運動会で自信をつけた子どもたちは、友達といっしょに園庭で元気に遊んでいます。
- 友達関係も安定してきて、いっしょに考えて行動する姿も随所に見られるようになりました。

お店やさんごっこ

- 子どもたちは、身近な空き箱や色画用紙などを使い、アイスクリームなどを作って「お店やさんごっこ」を楽しんでいます。
- 「いらっしゃい、いらっしゃい！」など、子どもの元気な呼び込みの声が響いています。
- 「くださいな」「いくらですか」などと、売り買いのごっこ遊びを楽しんでいるようでした。
- お店やさんごっこは、友達と触れ合いながら、自由な発想で製作をしたり、技術を学んだりする総合的な活動です。
- 6月頃に作っていた作品とは違い、立体的にくふうして作って楽しむ姿も見られます。
- お店やさんごっこで作った品物は、ままごとなどのときにも活躍しています。
- 「家で作ってきたよ」と広告紙で作った帽子を見せてくれた子どもがいました。お店やさんごっこのために作った帽子をご家庭でも作ってくれる姿を見て、うれしくなりました。

秋の遠足・いも掘り

- 気持ちのよい秋風のなか、バスに乗って、自然といっぱい触れ合える遠足に出かけます。
- 今年の遠足は、いも掘り遠足！ 収穫の喜びを感じる機会にしたいと思います。
- いも掘りは、日頃体験できない、土に十分親しむ機会となります。服装や袋などの準備に、ご協力をお願いいたします。

読書週間

- 落ち着いて本を読むのに快適な季節となりました。10月27日から11月9日までは読書週間です。
- 本は想像力を育み、心を豊かにしてくれます。
- 親子の触れ合いにもなりますので、ご家庭でも本を読む機会を作っていただけたらと思います。
- 子どもたちは絵本が大好き。園でも毎日1冊は読んでいます。

食育

- 園生活も落ち着いてきた10月。食後の過ごし方も指導していきたいと思います。

衣替え

「暑さ寒さも彼岸まで」という言葉があるように、朝夕の風が涼しくなってきました。
園では　月　日より衣替えです。園服や帽子など、冬服の準備をお願いいたします。その際、サイズが体に合っているか確認してください。また、自分の名前がないと不安に思い、登園を渋ってしまう子どももいますので、名前の記入をお願いいたします。
天候に合わせて下に着る洋服も調整できればと思いますので、ご協力をお願いいたします。

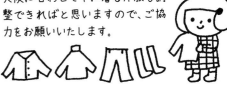

お店やさんごっこ

折り紙でたくさんの果物を折ったり、空き箱や紙を使ってアイスクリームを作ったりして、お店やさんごっこの準備をしてきた子どもたち。お店やさんごっこの日には、「いらっしゃい！」「いくらですか」などの声が、園内に響いていました。
このような活動を通して、友達とのやりとりから社会性を身につけ、製作する楽しさから創造性を育んでいきます。

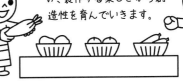

収穫の秋

食べ物がおいしい季節です。
園庭の柿の実がおいしそうに色づき始め、子どもたちも食べるのが待ち遠しそうです。秋の収穫物は他に、くり、ぶどう、りんごなど、たくさんあります。幼児期に旬の味覚を存分に味わい、食べることの楽しさを感じてほしいですね。

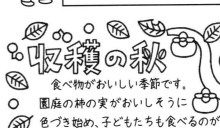

A4サイズにするときは、115％に拡大コピーをしてください。

11月

おたより

A4サイズにするときは、115％に拡大コピーをしてください。

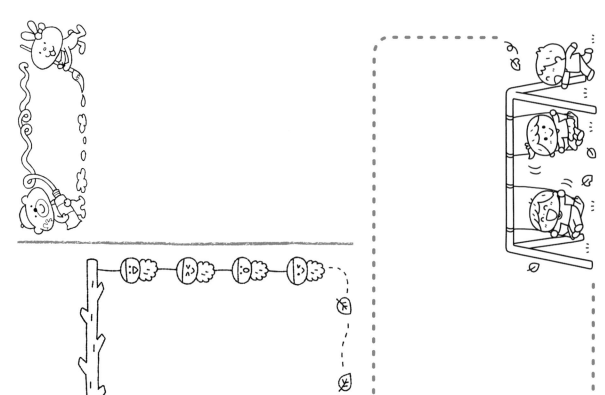

おたより
フォーマット

Ａ４サイズにするときは、115％に拡大コピーをしてください。

おたより

A4サイズにするときは、115％に拡大コピーをしてください。

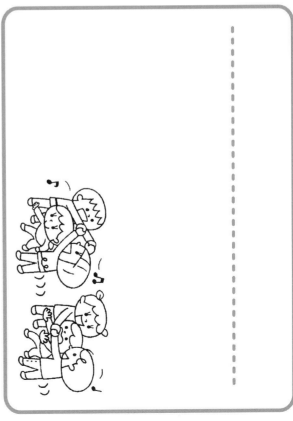

11月 書き出し&コラム文例

11月の挨拶

●秋も深まり、朝夕は冷え込む季節になってきました。体調の変化に気をつけ、季節の変わり目を元気に過ごさせてあげたいですね。

●子どもたちは散歩先で落ち葉を拾っては、うれしそうに保育者に知らせに来てくれます。

●冬がもうすぐそこまで来ています。子どもたちはお散歩で落ち葉や冷たい空気に触れることで、自然の移り変わりを感じとっているようです。

11月の子どもの姿

●1歳を過ぎ、歩行がしっかりしてくると、探索活動が盛んに。毎日同じ散歩コースでも飽きることなく、新しい発見をしたり、きのう見た物がきょうもあったと喜んだりしています。

●寒くなってくると、厚着になりがちです。子どもの動きの妨げにもなりますので、寒い朝夕だけ暖かい服装にし、日中は活動しやすい服装にしましょう。

秋のお散歩

●木の実や草花など秋の自然に触れながら、一人ひとりのペースに合った散歩を十分楽しんでいます。

●犬や猫など身近な動物を見たり、近所の方に声をかけてもらったりしながら、いろいろな経験を通して成長していきます。

●子どもにとって土や砂、石などはとても魅力的な物です。散歩先でたくさん触って遊べるようにしていきます。

作品展

●0歳児たちは後半期、クレヨンなどを使ってなぐり描きをしています。腕全体を使って紙一面に大胆に描く子ども、しっかりとした筆圧でじっくりゆっくり描く子どもなどさまざまです。

●1歳児たちは描くことにも慣れ、ぐるぐると円が描けるように。きれいな円が描けると、うれしそうに「これ、○○なんだー」と見立てることもできるようになってきました。

●2歳児たちは、切った紙をのり付けすることができるようになってきました。

勤労感謝の日

●毎日、お仕事に子育てにお疲れさまです。子どもたちは元気に働くお父さんやお母さんが大好き。体に気をつけて、これからもがんばってくださいね。

●お仕事お疲れさまです。夕方「ただいまー」と、元気にお迎えに来てくれるのを子どもたちは待っていますよ。

食育

●加工食品を買うときは表示を見て、原材料以外の添加物が少ない物を選ぶようにしましょう。

●レトルト食品やインスタント食品だけの食事にならないよう心がけましょう。いっしょに野菜などを摂取すると、栄養の偏りが抑えられるものもありますので、うまく利用しましょう。

懇談会のお知らせ

　　　月　　　日に行う懇談会に、ぜひご参加ください。園での子どもたちの様子をお伝えしたり、おうちの方からご家庭での姿についてうかがったり、保護者の方同士で意見交換や悩みを語り合ったりしたいと思います。子育てについて、それぞれ共通する思いが見いだせる機会にもなり、交流も深まるのではないでしょうか。悩んでいるのは自分だけではないと知ることだけでも、気持ちが楽になるかもしれません。

保育参観

　　園では、毎年、保育参観の期間を設けています。子どもたちの園での日常の姿を見にいらしてください。園での子ども同士の関係や保育者との関わりなど、ご家庭でのお子さんの様子とはまた違った姿を見ていただけると思います。お忙しいなかたいへんかとは思いますが、ぜひ、この機会にご参加ください。

11月の挨拶

●澄んだ空がいっそう高く感じられる季節となりました。

●朝夕は冷え込む日もあり、寒暖差の激しい時期ですが、お元気にお過ごしでしょうか。

11月の子どもの姿

●11月は友達関係も深まり、活動もダイナミックで、園での様子がもっとも安定している時期です。

●友達を誘い合う声や元気な歌声が、園内に響き渡っています。

●子どもたちはサッカーやドッジボールなど、ルールのある活動に夢中です。

●かわいいオレンジ色のきんもくせいの花が落ちているのを見つけた子どもたちは、香りを嗅いだり、ままごとなどの遊びのなかで使ったりして楽しんでいました。

作品展

●〇月〇日に作品展を開催いたします。今まで一生懸命作ってきた作品を、保護者の方々にも、ぜひ見ていただきたいと思います。

●「お母さん、びっくりするかな」などと、おうちの方に見てもらえることを楽しみに作品を作っていた子どももいます。

●絵の具は、細かいことにこだわらず、のびのびと描くことができます。

●手先が器用になった5歳児クラスでは、細かい部分も描けるように、今年は色鉛筆を使用しました。

●作品展では、クレヨンの技法や絵の具での自由絵など、いろいろな作品をお楽しみいただきたいと思っています。

●友達といっしょに、大きな段ボール箱を使って、家や乗り物などのダイナミックな作品を作っています。

七五三

●七五三、おめでとうございます。秋晴れのなか、楽しくお祝いができるとよいですね。

●七五三でおしゃれをしたお子さんの様子や、感想はいかがでしたか？

食育

●小さなおいもが根っこに固まっている里芋を見て、「かわいいー」を連発していた5歳児の子どもたち。

●食器を運んだり、並べたり、ご家庭ではお手伝いをさせていますか。食欲増進やマナーを知る機会にもなりますので、ぜひお手伝いをさせてみてください。

●毎日のお弁当作りありがとうございます。そろそろお弁当のおかずや量がお子さんに合っているか確認したり、箸などの持ち物の点検をしたりしてみましょう。

●食欲の秋。お子さんはどんな食べ物が好きですか？ 嫌いな食べ物でも、少しずつ挑戦する機会を作っていきましょう。

●秋は実りの季節です。暑さも和らぎ、子どもたちの食欲も増してきます。寒い冬に備えて体力を蓄え、元気に過ごせるように、いろいろな食材を食卓に並べましょう。

発表会

発表会に向けて、子どもたちは大好きな曲に合わせて踊ったり、友達と声を合わせてせりふを言ったりしています。当日は緊張して十分に力を発揮できないこともあるかと思いますが、一生懸命に取り組む姿を応援していただければと思います。

また、衣装作りや当日の準備などでのお手伝いも、ご協力をお願いいたします。

お店やさんごっこで作った品物や、友達と段ボール箱などを使って作った大きな動物や乗り物、クレヨンや絵の具で描いた絵、粘土や紙を使って作った個人作品など、造形活動を中心とした作品展を開催いたします。今年は、発達に応じた教材や指導方法のくふうなどを紹介する展示も行いました。

他の子とくらべるのではなく、一人ひとりの表現方法を認め、ほめてあげてください。

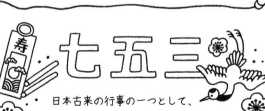

日本古来の行事の一つとして、11月15日に「七五三」のお祝いが行われます。男の子は5歳、女の子は3歳と7歳でお祝いする方が多いようです。

園でも「わたし七五三するの」「ぼくもそうだよ」などと楽しみにしている子どもたちの声が聞かれます。園では、子どもたちの健やかな成長を祈って、ちとせあめをお配りしています。

12月

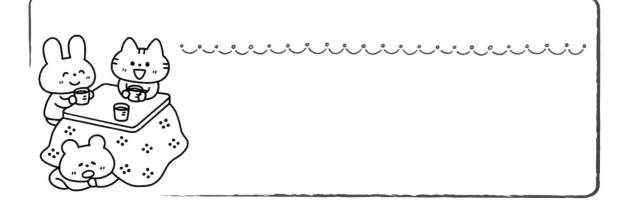

A4サイズにするときは、115％に拡大コピーをしてください。

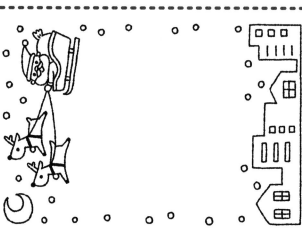

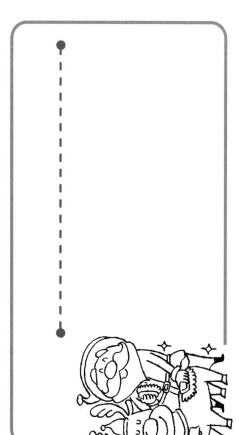

A4サイズにするときは、115％に拡大コピーをしてください。

12月 書き出し＆コラム文例

12月の挨拶
- ●木枯らしが吹き、いよいよ冬の到来です。12月に入り、どことなく辺りの様子もせわしなくなってきました。
- ●さざんかや南天の実がひときわ目立ち、散歩中の子どもたちの目を楽しませてくれています。

12月の子どもの姿
- ●ずいぶん寒くなってきましたが、天気のよい日は戸外に出て、体をたくさん動かして遊んでいます。
- ●園では、クリスマス会やお餅つきなど、楽しいイベントがいっぱい。準備する様子や楽しい装飾に興味津々な子どもたちです。
- ●寒いからと厚着をし過ぎると、汗をかき、それが冷えて、かえってかぜをひいてしまうことがあります。子どもは、大人より一枚少なくするのが目安です。

クリスマス・クリスマス会
- ●もうすぐクリスマス会です。子どもたちは、プレゼントや、サンタさんが来ることをとても楽しみにしています。
- ●サンタさんの話をしながら、子どもたちといっしょにクリスマスの飾りを作っています。
- ●2歳児クラスでは、クリスマス会の出し物として、簡単な歌や手遊びの練習をしています。

冬至
- ●日が暮れるのも早くなり、お迎えもたいへんになりますが、帰り道に子どもたちと楽しく話をするのもよいですね。
- ●昔から冬至にかぼちゃを食べてゆず湯に入るとかぜをひかない、といわれています。ぜひ、ご家庭でも試してみてください。
- ●冬至のお話をしながら、子どもたちといっしょにかぼちゃを使った料理に挑戦してみてもよいですね。

かぜ予防
- ●かぜがはやる季節になりました。園では、かぜの予防として、戸外から帰ったら手洗いをきちんとするようにしています。

年末年始
- ●大掃除やお正月の準備で忙しい時期です。園でも子どもたちに、お正月に向けた飾りを作るのを手伝ってもらっています。
- ●お正月は、家族でゆっくりできる絶好の機会です。ぜひ子どもたちとの関わりを大事にお過ごしください。

食育
- ●家族みんなでおせち料理を囲み、いろいろな味に触れ、和食のおいしさを実感しましょう。
- ●お正月は、つい食べ過ぎてしまったり、食事時間も不規則になりがち。体調を崩さないためにも、規則正しい食生活を心がけましょう。
- ●冬野菜を使って、親子でいっしょにクッキングをしてみるのもよいですね。苦手な野菜も、味つけや調理方法を変えることで、食べられるようになることもあります。

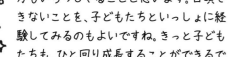

かぜ予防
0～2歳の子どもたちは、抵抗力が弱いため、寒くなるとかぜをひきやすくなります。かぜがはやっている時期は、なるべく人混みを避け、戸外から帰ったら、大人といっしょに手洗いをする習慣をつけましょう。日頃から睡眠や栄養をたっぷりとることも大事です。寒くても、天気のよい日は戸外に出て外気に触れ、体を丈夫にして、元気に冬を乗り切りましょう。

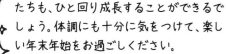

年末年始
　月　日～　月　日まで、園はお休みになります。このお休みを利用して、旅行などいろいろな所にお出かけする方もいらっしゃることと思います。日頃できないことを、子どもたちといっしょに経験してみるのもよいですね。きっと子どもたちも、ひと回り成長することができるでしょう。体調にも十分に気をつけて、楽しい年末年始をお過ごしください。

12月の挨拶

● 外の空気がピーンと張り詰めてきたきょうこの頃。朝、吐く息も白くなってきました。
● 街では、クリスマスや年末年始を感じさせる曲が流れています。

12月の子どもの姿

● 北風が吹くなかでも、子どもたちは元気に走り回っています。
● 登園時に通る道や園庭で霜柱を見つけ、大喜びの子どもたちです。
● 「♪もういくつねるとおしょうがつ」と保育室から元気な歌声が聞こえてきます。
● こま回しやなわとびをして、友達と教え合ったり、競争したりしている姿がよく見られます。

クリスマス・クリスマス会

● 街にはきれいなイルミネーションがともされたり、クリスマスの歌が流れていたりと、子どもたちはウキウキ気分です。
● クリスマス会では、「あわてん坊のサンタクロース」をみんなでうたったり、クリスマスの紙芝居を見たりしました。
● 子どもたちは、サンタさんからのプレゼントを期待しながら、それぞれ靴下を作りました。

冬至

● 最近、夕方暗くなるのが早くなってきました。一年で一番夜が長くなる日がもうすぐやってきます。それが冬至です。
● 冬至には、かぜをひかないようにかぼちゃを食べたり、ゆず湯に入ったりします。

かぜ予防

● 寒くなると、かぜがますます流行します。子どもたちはもちろん、おうちの方もお気をつけください。
● かぜの予防には、手洗いとうがいが効果的です。
● 疲れがたまると、かぜをひきやすくなります。食事や睡眠を十分にとるように心がけましょう。

年末年始

● 子どもたちといっしょにお正月の準備をしたり、おせち料理を作ったりするのも、楽しいのではないでしょうか。
● 松飾り、しめ縄など、お正月ならではの飾りを、ぜひ子どもたちにも伝えてあげてください。
● カルタやすごろくなど、ご家庭で子どもといっしょに楽しんでみてはいかがでしょうか。言葉の勉強にもなります。

餅つき

● 園では、保護者の方々のご協力をいただき、今年もお餅つきを行います。子どもたちも子ども用のきねを使って、お餅をつきます。
● お餅つきのあとは、ご家族や地域の方々といっしょにつきたてのお餅を食べたいと思います。
● お餅つきでは、手作りならではの「ビヨーン」と伸びるお餅の感触を、子どもたちに十分楽しんでもらえたらと思っています。

クリスマス会

クリスマス会では、「ジングルベル」や「赤鼻のトナカイ」の曲に合わせて合奏やダンスをしたり、みんなでケーキを食べたりします。保育者のハンドベル演奏も披露する予定です。

子どもたちの間では、「サンタクロースはいるのか、いないのか」が話題になっていますが、サンタクロースは来てくれるでしょうか。子どもたちが作った靴下の中に、プレゼントが入っているかもしれませんね。

大掃除

園では、自分のロッカーや引き出しの中のごみを捨てて、きれいに整理したり、みんなで使った積み木やままごとのおもちゃなどを雑巾で拭いたりして、大掃除をしています。

ご家庭でも、子どもといっしょに大掃除をしてみましょう。自分のおもちゃなどを中心に、できることを自分で掃除することで、物を大切にする心が育っていくのではないでしょうか。

冬休み

いよいよ今年も終わりに近づいてきました。クリスマスや年末年始など、楽しい行事がいっぱいの冬休みがやってきます。この機会に、年末の大掃除や「あけましておめでとうございます」の挨拶など、子どもたちに積極的に伝えていきましょう。久しぶりに会う親戚の方々に挨拶をしてほめられると、子どもたち自身も、成長したことを実感できると思います。

1月

HAPPY NEW YEAR

A4サイズにするときは、115％に拡大コピーをしてください。

おたより
フォーマット

A4サイズにするときは、115％に拡大コピーをしてください。

おたより
フォーマット

A4サイズにするときは、115%に拡大コピーをしてください。

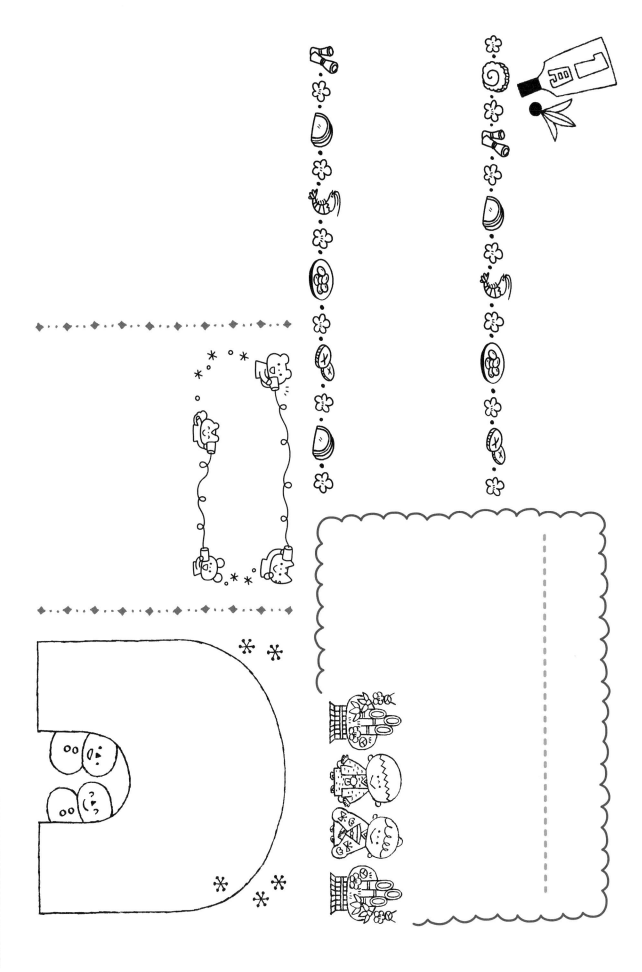

おたより
ワク アー

A4サイズにするときは、115％に拡大コピーをしてください。

1月 書き出し＆コラム文例

1月の挨拶

● あけましておめでとうございます。今年も元気に子どもたちと過ごせることを、楽しみにしています。

● お正月休みが終わり、子どもたちの元気な声とともに新年を迎えることができました。今年もどうぞよろしくお願いいたします。

● 寒さが厳しくなりますが、かぜに負けないように、元気に体を動かしていきたいですね。

1月の子どもの姿

● 感染症が流行する時期です。子ども一人ひとりの体調をよく観察し、変化があれば早めの対応をするなど、感染予防に努めていきたいと思います。

● かぜ気味など体調が思わしくない子どもがいるときは控えますが、暖かい日には外気浴をしていきたいと思います。短時間でも、外の冷たい空気に触れることで皮膚の鍛錬になり、体温調節の機能が育つといわれています。

お正月（年賀状の書き出し）

● あけましておめでとうございます。今年も子どもたちの成長を楽しみに見守っていきたいと思います。

● 初詣には行きましたか。楽しいお正月を過ごしてくださいね。

● 新たな年が始まりました。今年も職員一同、どうぞよろしくお願いいたします。

伝承遊び

● 乳児室には、お手玉があります。ままごとで使ったり、大人が歌に合わせて投げて見せたりしています。0歳児は、その歌に合わせて体を動かしたり、お手玉の動きを目で追ったりするなどして、楽しんでいます。

● こまを本格的に楽しむのは幼児クラスですが、乳児クラスでも手のひらを使って回すこまや、指で回すこまなどで遊んでいます。最初は難しいのですが、こつをつかみ、回せるようになると、楽しそうに何度も挑戦しています。

新年のお楽しみ

● 新年のお楽しみ会では、お正月ならではの遊びを楽しみます。発達に合わせた簡単なたこを作り、みんなでたこあげをしました。

● 少人数で遊べる絵カルタなどで盛り上がっている子どもたち。この時期ならではの遊びだからこそ、みんな目一杯楽しみます。

かぜ予防

● かぜに負けない体を作りましょう。寒くなると体力も低下します。栄養をしっかりとり、生活リズムを整えることが大切です。

● ねぎやにんじんなど、冬が旬の野菜は、体を温める効果があるといわれています。多くとり入れたいですね。

● 丈夫な体作りには、まず食事・睡眠・生活リズムを整えることが大切。大人がきちんと見るようにしましょう。

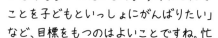

あけましておめでとうございます

年末年始はいかがお過ごしになられましたか。新年を迎え、新たな抱負を抱いている方も多いと思います。「今年はこんなことを子どもといっしょにがんばりたい」など、目標をもつのはよいことですね。忙しさに流されないように、また、子どもの小さな成長にも気がつくことができるように、心にゆとりをもった一年でありますように。

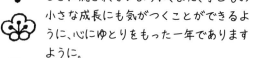

厚着に注意しましょう

寒いとつい厚着にさせてしまいがちですが、過度な厚着は汗をかいて、かえって体を冷やすことにもつながります。子どもは体をよく動かします。片ときもじっとはしていません。よく動き、遊びながら、さまざまな機能を獲得しているのです。体幹は保温し、手足は動きやすい服装を心がけましょう。体調が悪いときや、せきや鼻水が出ているときは、運動を妨げないベストを着せるなどして、調節するようにしましょう。

1月の挨拶

●あけましておめでとうございます。年末年始はいかがお過ごしになりましたか。

●新しい年の始まりです。本年もどうぞよろしくお願いいたします。

●いよいよ新年、心新たにいろいろなことに取り組みます。

●吐く息が真っ白になるきょうこの頃。園庭の南天は赤くきれいな実をつけています。

1月の子どもの姿

●子どもたちは保育者の目を見て、「あけましておめでとうございます」と、新年のご挨拶がきちんとできました。

●寒い戸外でも、子どもたちは元気に遊んでいます。最近は、ルールが必要なサッカーやドッジボールなどに夢中です。

●子どもたちは、園庭で見つけた氷を手にして、「先生、見て！」と驚いた表情で保育者の所へ持ってきます。

お正月（年賀状の書き出し）

●お餅は食べましたか。園で会えるのを楽しみにしています。

●お正月はいろいろな人に会いますね。「あけましておめでとうございます」の挨拶をきちんとしましょう。

伝承遊び

●お正月はご家族そろって、たこあげやこま、カルタなど日本古来の遊びをしてみてはいかがでしょうか。

●カルタやすごろく遊びは、家族といっしょに楽しみながら、文字や数字に触れられるよい機会です。

●こま回しでは、一人ひとりに、ひもの巻き方や投げ方などのこつを教えたら、みんな上手に回せるようになりました。

新年のお楽しみ

●園では、自分たちで作ったすごろくやカルタを使って、「新年お楽しみ会」を行います。

●今年の「新年お楽しみ会」では、劇団をお招きして、親子で人形劇の観劇をする予定です。楽しみにしていてください。

●園のみんなが集まって、「新年お楽しみ会」を行いました。輪投げやクイズ大会などをして、楽しいひとときになりました。

食育

●お正月は子どもたちが、さまざまな食べ物に興味をもつことのできるよいチャンス。おせち料理の由来なども伝えていきたいですね。

●鏡開きでは、「今年もよい年が開けますように」という願いのもと、お正月に飾っていた鏡餅を割り、お汁粉やお雑煮にして食べます。園でも、子どもたちといっしょに鏡開きをして、一年の無事を祈りたいと思います。

●春の七草を入れる七草がゆは、年末年始に弱った胃腸を休める意味もあります。

●最近は、スーパーなどでも春の七草が購入できます。ご家庭でもメニューに取り入れてみてはいかがでしょうか。野菜や野草に興味をもつ、よい機会になると思います。

たこあげしたよ

冷たい北風が吹く1月ですが、子どもたちは元気いっぱいです。北風は、たこをあげるのには好条件。ポリ袋にたこ糸を付けて走るだけでも、風に乗ってぐんぐんあがっていきます。そこで園では、はがき、画用紙に紙テープや包装紙を細く切ったしっぽを付けて、たこあげをしました。紙の大きさやしっぽの長さによって飛び方が違い、子どもたちの思考力を伸ばしていく機会になったと思います。

＊3学期が始まりました＊

3学期が始まり、あと2か月あまりで今年度も終了。そして卒園式を迎えます。子どもたちも残り少ない園生活を惜しむかのように、友達と遊んだり、当番活動に取り組んだりしています。園でも、保護者の方々とともに、楽しい思い出を形や心に残していきたいと思っています。たくさんのご協力をお願いすることになりますが、子どもたちが充実した園生活を過ごせるよう、よろしくお願いいたします。

マラソン大会

園では、マラソン大会のために、毎日少しずつ、走る時間を作ってきました。走ることで、体が丈夫になりますし、がんばろうという心も育ちます。走りながら「もう少しだから、がんばろう」と友達同士で励まし合っていた子どもたち。もうすぐマラソン大会です。今回は、親子マラソン大会として、ご家族の方々といっしょに楽しむ機会にしたいと思います。

2月

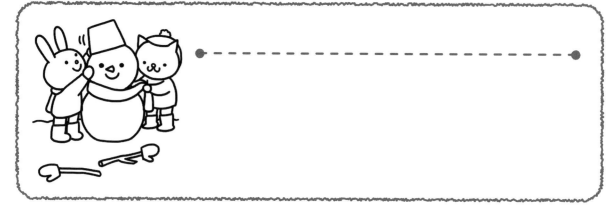

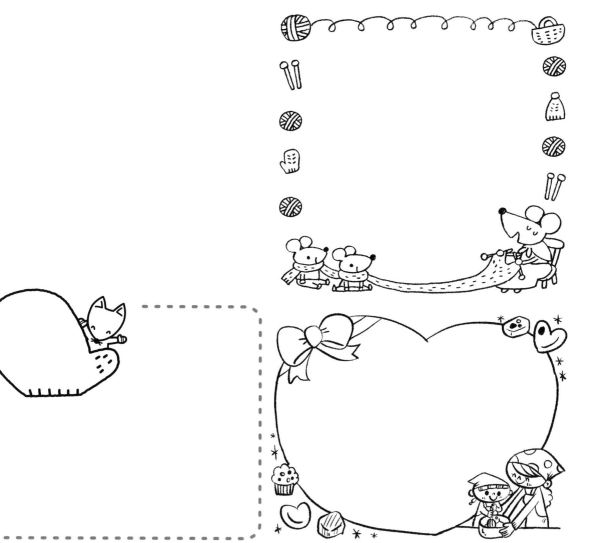

おたより

2月
②

A4サイズにするときは、115％に拡大コピーをしてください。

2月

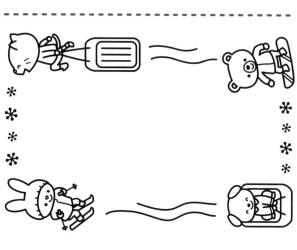

A4サイズにするときは、115%に拡大コピーをしてください。

おたより

A4サイズにするときは、115％に拡大コピーをしてください。

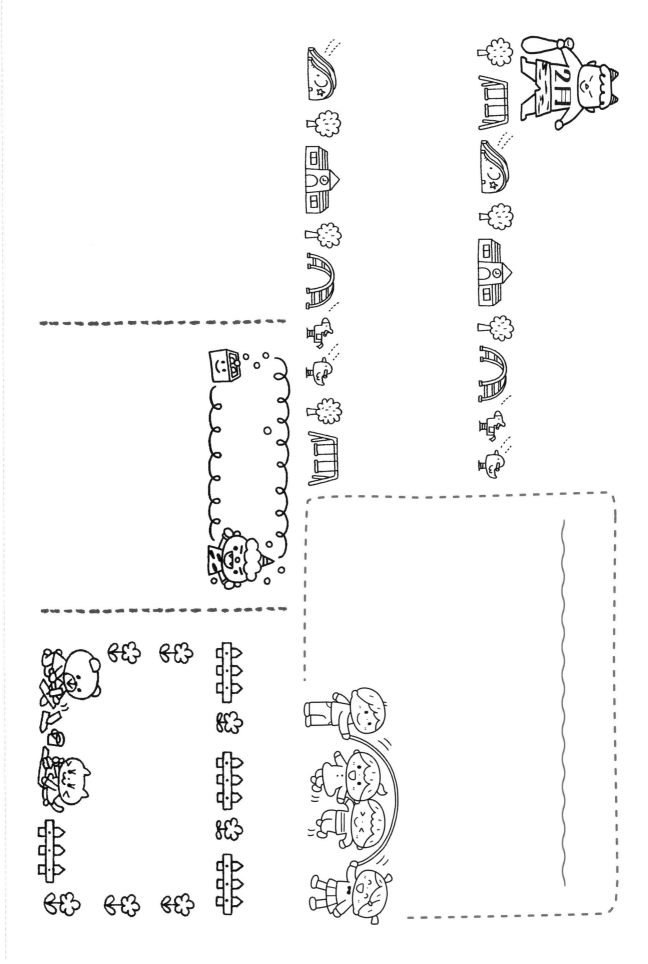

2月 書き出し＆コラム文例

2月の挨拶

- 一年で一番寒い時期になりましたが、子どもたちは寒さに負けることなく戸外でも元気に遊んでいます。
- 散歩先で、霜柱や氷などを発見して不思議そうな顔をしている子どもたち。触ってみると冷たいので、びっくりしています。
- 梅の花も咲き、だいぶ春めいてきました。子どもたちは、日だまりを求めて散歩を楽しんでいます。

2月の子どもの姿

- 空気が乾燥している季節です。園では、戸外から帰ったあとの手洗いや、水分補給をきちんとして、かぜをひかないように気をつけています。
- 言葉や友達との関わりも多くなり、4月にくらべるとぐんと成長した子どもたちは、自分でできると、とてもうれしそうです。

発表会

- 子どもたちは、発表会に向けて、大好きな歌や手遊びに保育者といっしょに取り組んでいます。
- 2歳児は、発表会で「おおきなかぶ」の簡単な劇を行います。今は、楽しみながら劇遊びに取り組んでいます。
- 幼児組の発表会の練習を見たり、保育者といっしょに簡単な飾りを作ったりして、当日を楽しみに待っています。

節分・豆まき

- ちょっと怖いけれど、おにの話に興味津々の子どもたち。保育者といっしょに、おにのお面を作りました。
- 子どもたちは、豆まきにちなんだ歌をうたったり、絵本を見たりして、豆まきを楽しみにしています。当日はおにを怖がらずに豆を投げられるでしょうか。
- 豆まきの日は、おにを怖がって保育者にしがみついている子がいたり、泣きながらも豆をしっかり投げている子がいたりと、さまざまでした。

記念撮影

- 進級を前に、クラスみんなで写真を撮って保育室に飾りました。子どもたちは、写真を見て指さししながら「〇〇ちゃん」「△△ちゃん」と名前を呼んで、大喜びしています。
- 一年間、いっしょに過ごした子どもたち。みんなで撮ったクラス写真は、思い出がいっぱい詰まった宝物です。

食育

- 園でのおやつには、お菓子だけではなく、うどん、おにぎりなどの軽食や、干しいも、スティック野菜など、よくかんで食べる物も用意しています。子どもたちはみんな、おいしそうに食べています。
- ご家庭でのおやつに、ホットケーキを焼いて、生クリームやフルーツで飾りつけてパーティー風にしてみるのもよいですね。親子でいっしょに飾りつけをするとおいしさも格別です。

もうすぐ春

寒い日もありますが、暖かな日ざしやときおり吹く風に、春の気配を感じるようになりました。天気のよい日は、外に出てたくさん遊ぶことにしています。子どもたちに「お散歩に行くよ」と声をかけると、われさきにと出かける準備を始めます。小鳥や動物に出会ったり、小さな芽や花を見たり、ゆっくり散歩を楽しんでいます。春はそこまで来ているようです。

豆まき

「きょうは豆まきだよ」と言われて、ちょっと緊張した面持ちの子どもたち。おにが登場すると、棒立ちになる子どもや、豆を投げるのも忘れて大泣きする子どももいて、大騒ぎです。おにがいなくなると、ホッとする子どもたち。ようやくいつもの様子になりました。

2月の挨拶

- ●天気のよい日の日だまりに、春の気配を感じるきょうこの頃です。
- ●霜柱を踏むと、サクサクと心地よい音が聞こえてきます。
- ●立春とはいえ、まだまだ寒い日が続きます。
- ●梅のつぼみも膨らみ始め、園庭に春の香りを放っています。

2月の子どもの姿

- ●ピューピューと北風が吹くなかでも、子どもたちは外に飛び出し、元気に遊んでいます。
- ●園庭に落ちているさざんかの花びらを見つけた子どもたち。「きれい」と喜んで、首飾りを作っていました。
- ●池や水たまりで氷を見つけて厚さをくらべたり、「早くとける場所はどこかな?」と調べたりしています。

発表会

- ●5歳児クラスは、園生活最後の発表会。自分と友達の意見を合わせて、司会や大道具作りなどの準備を進めています。
- ●発表会当日は、緊張してしまうかもしれませんが、がんばったところを見つけてほめてあげてください。
- ●元気な歌声、真剣なまなざしの楽器演奏。どれもとてもすばらしいです。たくさんの拍手をお願いいたします。

節分・豆まき

- ●「♪おにはそと　ふくはうち」と明るい歌声が聞こえてきます。
- ●豆まきでは、おにのお面をかぶった保育者に向かって、パラッパラッと豆を投げていました。
- ●豆まきのあと、「年の数だけ食べるんだよ」「おいしいね」などと、友達と話しながら豆を食べていました。

バレンタインデー

- ●園でも、毎年バレンタインデーにはハート形のおやつが登場します。「今年はどんなおやつかな?」と楽しみにしているようです。
- ●「お母さんといっしょにお父さんにチョコレートをあげるの」「お母さんがくれるよ」など、園でも話題になっています。

卒園製作

- ●今、5歳児クラスは、「3歳児クラスにプレゼントしよう」と張り切って卒園製作の机を作っています。
- ●「きれいに塗ろうね。ずっと使うかもしれないよ」などと心を込めて作っています。
- ●製作中の5歳児クラスを、3歳児クラスの子どもたちは、なにができるのか期待しながら、尊敬のまなざしで見つめています。

記念撮影

- ●園での大切な思い出になるように、全員で記念撮影を行います。
- ●行事や普段の園での様子をまとめて、卒園アルバムを作成します。楽しみにしていてください。
- ●友達と数人でグループを作り、園の一番好きな場所を自分たちで考えて撮影しました。

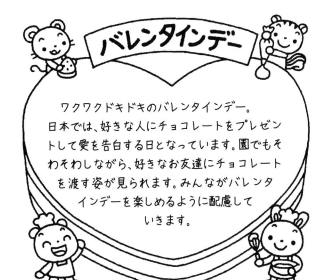

バレンタインデー

ワクワクドキドキのバレンタインデー。日本では、好きな人にチョコレートをプレゼントして愛を告白する日となっています。園でもそわそわしながら、好きなお友達にチョコレートを渡す姿が見られます。みんながバレンタインデーを楽しめるように配慮していきます。

卒園製作

もう少しで、園ともお別れ。5歳児クラスでは、感謝の気持ちを込め、卒園の製作をします。

卒園製作には、牛乳パックや木材を使った在園児用の椅子やテーブル、親子で作る壁掛けの自画像、園のフェンスを飾る花や動物などの製作物を考えています。卒園後、園を訪れたときの思い出にもなるでしょう。

一日入園

一日入園の日は、入園する子どもたちに「園に早く行きたいな」という気持ちになってもらいたいと思います。そこで、在園児が新入園児のために歌をうたったり、いっしょにダンスや手遊びをしたり、手をつないで園内巡りをしたりします。

当日は新入園児への園服などの販売も行いますので、ぜひお越しください。

3月

A4サイズにするときは、115％に拡大コピーをしてください。

A4サイズにするときは、115%に拡大コピーをしてください。

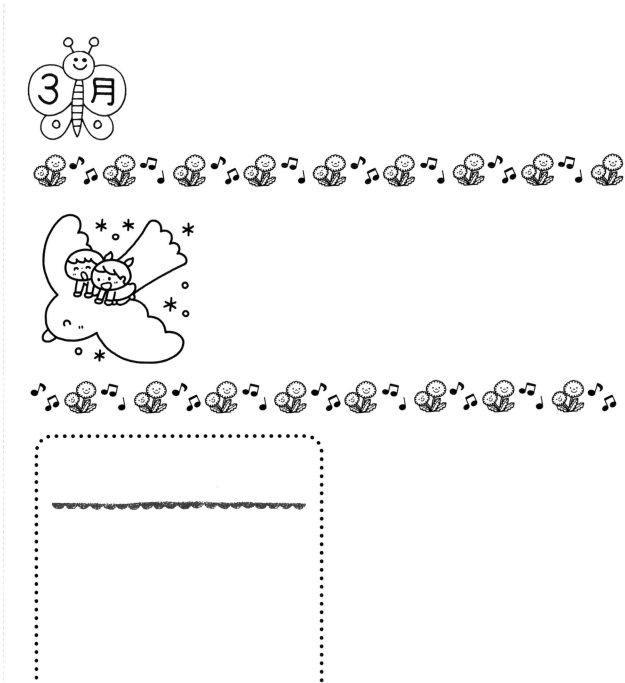

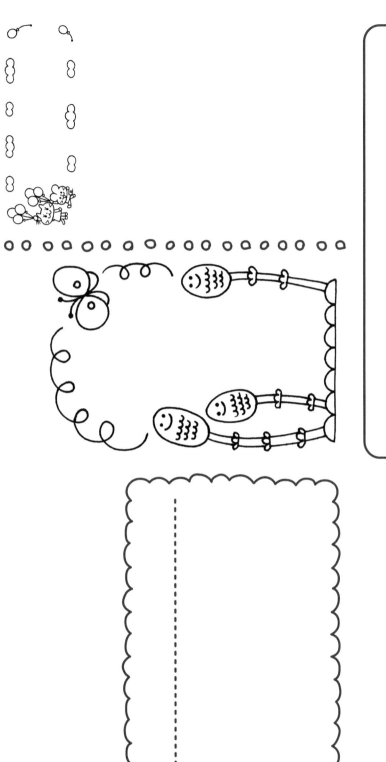

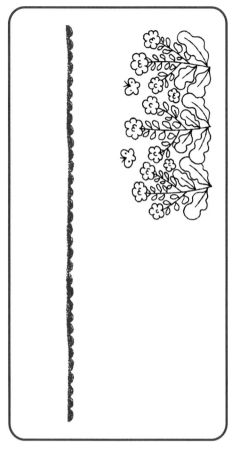

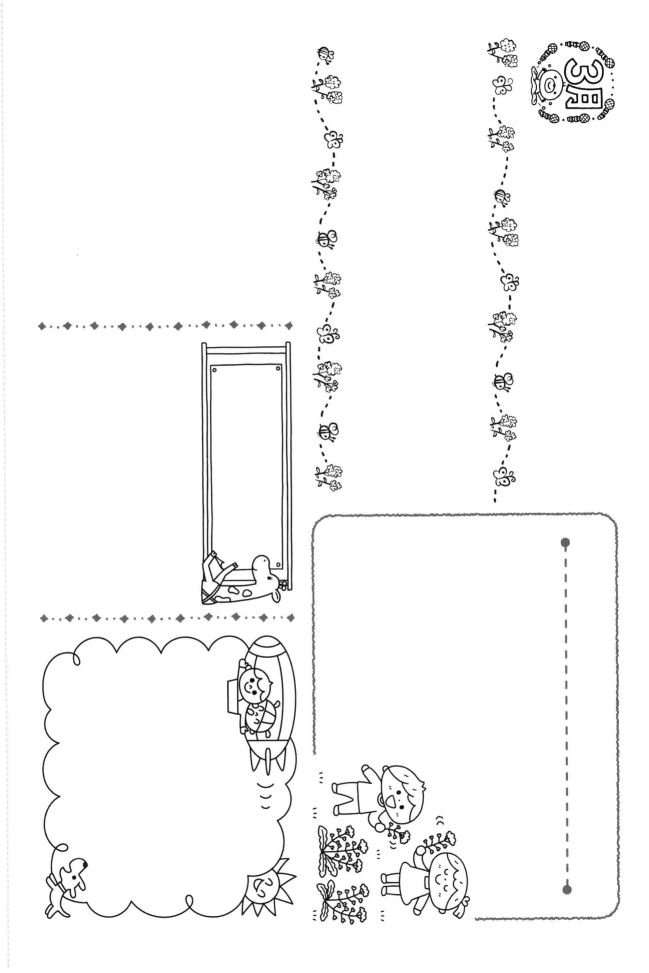

A4サイズにするときは、115％に拡大コピーをしてください。

3月 書き出し＆コラム文例

3月の挨拶

● 早いもので、もう3月。4月当初の慣らし保育中の子どもたちの姿が目に浮かびます。この一年で、本当に成長しましたね。

● ぽかぽかと暖かい日が多くなりました。園庭に咲く花々がとてもきれいです。

● 春ですね。子どもたちは散歩に出かけるのが楽しみで、うれしそうに出かけて行きます。

3月の子どもの姿

● 朝晩はまだ寒い日もありますが、日中は日だまりを求めてお散歩を楽しむ子どもたち。動きも活発になってきますので、動きやすい服装をお願いいたします。

● 季節の変わり目は、体調を崩しやすい時期です。日頃から外気に触れて気温の変化に慣れておくとよいですね。過度な厚着を避けて、薄着で過ごすことも大切です。

● 新しいお部屋に慣れるため、進級するクラスに遊びに行ったり、そこで食事をしたりしています。子どもたちは、目新しいおもちゃにも興味津々の様子です。

ひな祭り

● 子どもたちは、おひなさまを見て「かわいいね」と話をしたり、保育者の歌に合わせて、体を揺らしてリズムをとったりしていました。

● ご自宅でもひな人形を飾っているからでしょうか。保育園のひな飾りを見て指さしをしたり、「おんなじ」と喜んだりしている子どもたちです。

● 園でひな祭り会をしました。歌をうたったり、紙芝居を見たりして、子どもたちはとても喜んでいました。

お別れ会

● 卒園式を間近に控えた5歳児クラスが、乳児クラスのお部屋にお手伝いに来てくれます。いっしょに遊んでくれたり、おむつが汚れているのを教えてくれたり、よくお世話をしてくれます。

● 乳児クラスの子どもたちも、お別れ会に参加しました。知っているお姉さんやお兄さんの顔が見えると「いたね〜」と保育者に教えてくれました。

親子遠足

● 親子遠足を実施いたします。普段は、なかなかお話できない保護者の方同士も交流できるチャンスです。ぜひご参加ください。

● クラスの交流も兼ねて親子遠足を行います。保護者の方々といっしょに一年間を振り返り、進級のことや心配なことなどをお話しする機会にしたいと思っています。

入園説明会

● ○月○日に入園説明会を行います。園での1日の過ごし方や慣らし保育、持ち物などの説明、入園用品の販売などを行いますので、ぜひお越しください。よろしくお願いいたします。

● 来年度の新入園児の保護者の方々を対象に、入園説明会を行います。体操服の採寸や面談を兼ねておりますので、お子様とごいっしょに来園くださいますよう、お願いいたします。

お別れ会

卒園式とは別に、5歳児クラスをみんなで送り出すためのお別れ会を行います。お別れ会で、5歳児クラスは、無事に卒園して小学生になる報告をします。乳児クラスも、今までお世話をしてくれたり、優しくしてくれたりしたことへの感謝を込めて、いっしょに参加し、5歳児クラスを送り出したいと思います。

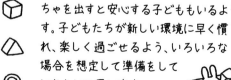

新年度準備

新年度の前に、4月に進級するお部屋で食事をしたり遊んだりして、少しずつ環境に慣れていけるようにしています。おもちゃも新しい物を喜ぶ子どももいますが、不安になったときは、今まで使っていたおもちゃを出すと安心する子どももいるようです。子どもたちが新しい環境に早く慣れ、楽しく過ごせるよう、いろいろな場合を想定して準備をしていきたいと思います。

3月の挨拶

●いよいよ、一年のまとめの時期になりました。
●穏やかな風に、春がもうそこまで来ているのを感じます。
●チューリップのつぼみが膨らみ、子どもたちの進級を待ちわびているようです。
●街全体が、新しいスタートに向けてウキウキ、ワクワクした雰囲気になっています。

3月の子どもの姿

●子どもたちは、園庭で暖かな風を受け、のびのびと遊んでいます。
●4月に小学校入学を迎える5歳児クラスは、園生活を惜しむかのように、友達を誘い合って遊んでいます。
●誕生会やお別れ会の司会を、自信をもってできるようになった子どもたちを見ていると、一年間の成長を感じます。
●友達といっしょに、卒園式でのお別れの言葉を大きな声で練習したり、みんなで歌をうたったりすることを楽しんでいます。

ひな祭り

●3歳児クラスは紙で平面に、5歳児クラスは粘土で立体的になど、それぞれの発達に合わせたおひなさまを作りました。
●「うれしいひなまつり」をうたう元気で優しい歌声が、保育室から聞こえてきます。
●ご家庭では、ひな祭りをどのように過ごされますか? おにぎりでおびなとめびなの形を作っても楽しいと思います。

修了式・卒園式

●修了式では、近隣の小学校の校長先生や町内会長さんからお祝いの言葉をいただき、一年間の思い出を歌で振り返ります。
●卒園式では、卒園生が「大きくなったらなにになりたいか」などを、一人ひとりが大きな声で発表します。ご期待ください。
●修了式・卒園式には、おうちの方々にぜひご出席いただき、ともにお祝いしていただけるようお願いいたします。

お別れ遠足

●少しずつ春を感じるようになったきょうこのごろ。〇月〇日にお別れ遠足に出発します。
●子どもたちは、きれいな花びらや葉、石など、興味をもった物を拾うのが大好き。集めた物や各自のごみを持ち帰るためにも、ビニール袋があると便利です。
●遠足は楽しいのですが、いつもとは違う一日なので、体が疲れてしまいます。前日や当日帰ったあとは、睡眠をしっかりとるようにし、体調を崩さないよう気をつけましょう。

春休み

●5歳児クラスの子どもたちにとって、卒園してから小学校に入学するまでの春休みは落ち着かない時期です。事故やけがなどがないよう、十分に注意しましょう。
●子どもたちは新しい生活に向けての期待や不安で、気持ちが不安定になりがちです。ご家庭でも気を配りましょう。

ひな祭り

3月3日はひな祭り。一般的には女の子のお祭りですが、園ではみんなでおひなさまを作ったり、ひなあられを食べたりしてお祝いをします。また、玄関のひな人形を見ながら「これは昔の人が着ていた服だよ」と話をするなど、古典的な暮らしに興味をもつ機会にもなっているようです。子どもたちの健やかな成長をともに祈りましょう。

お別れ遠足

もう少しで5歳児クラスとはお別れです。3歳児・4歳児クラスはお世話になった感謝を込めて、5歳児クラスは思い出作りのために、全園児でお別れ遠足を実施いたします。植物園で、5歳児クラスと手をつないで自然探検をしたり、簡単なゲームをしたりする予定です。天候によっては寒くなるかもしれませんので、服装にご配慮をお願いします。

卒園おめでとう

卒園おめでとうございます。この一年間、　　　組は園の代表として、いろいろなことにがんばって取り組んできました。小学生になっても、園で過ごした楽しい思い出を忘れないでくださいね。そして、いつでも園に遊びに来てください。みんな待っています。

選んで楽しい! 追加用イラスト

春の行事＆園生活

入園・進級・進学

春の遠足

こどもの日

サンクスデー

保育参観

夏の行事&園生活

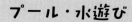

プール・水遊び

七夕

夏祭り

お泊まり保育

運動会

選んで楽しい！追加用イラスト

秋の行事＆園生活

作品展

いも掘り

秋の遠足

発表会

ハロウィーン

七五三

バザー

冬の行事 & 園生活

クリスマス

餅つき

お正月

節分

ひな祭り

卒園式

選んで楽しい！追加用イラスト

子ども

誕生日

お誕生日おめでとう

お誕生日おめでとう

お誕生日おめでとう

月生まれのお友達

おめでとう

選んで楽しい！追加用イラスト

グッズ

健康・生活 食育・安全

健康診断

健康

生活

食育

交通安全

選んで楽しい！追加用イラスト

自然・生き物

数字・見出し

数字

    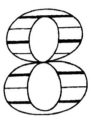

見出し

お知らせ

お願い

集めています

今月の予定

今月の絵本

今月の歌

子どもたちの様子

がんばりました！

おめでとう！

おめでとう
ございます！

月生まれの
お友達

ご用意を
お願いします

イラスト付き 見出し

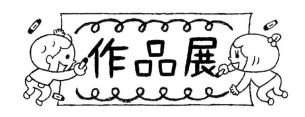

選んで楽しい！追加用イラスト

タイトルスペース・飾り罫

タイトルスペース

飾り罫

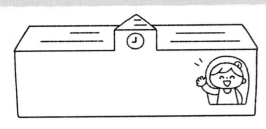

お願い

のお知らせ

のお知らせ

選んで楽しい！追加用イラスト

フレーム

● **文例執筆・監修**

中山夕子（東京・緑丘保育園 元園長）

鳩山多加子（東京・文京区立第一幼稚園 元園長）

小田圭子（東京・聖マリア保育園 園長）

柴田衣子（千葉・健伸幼稚園 園長）

● **イラスト**（50音順）

青山京子、浅羽ピピ、有栖サチコ、石崎伸子、いとう・なつこ、いとうみき、
菊地清美、蔵澄咲帆、坂本直子、鹿渡いづみ、柴田亜樹子、しまだ・ひろみ、
すぎやままさこ、たかしまよーこ、田中なおこ、長尾映美、中小路ムツヨ、
楢原美加子、にしだちあき、福々ちえ、藤井 恵、みさきゆい、
やまざきかおり、和久田容代、nachicco、YUU

● **STAFF**

カバー・巻頭イラスト	北村友紀
カバーデザイン	株式会社フレーズ
本文デザイン	島村千代子
本文校正	有限会社くすのき舎
編集	田島美穂

チャイルド本社
ホームページアドレス
https://www.childbook.co.jp/

チャイルドブックや保育図書の
情報が盛りだくさん。
どうぞご利用ください。

コピーに書くだけ！
手書きでさくさく クラスだより

2020年2月　初版第1刷発行
2021年1月　　第2刷発行

編　者／ポット編集部　©CHILD HONSHA CO.,LTD.2020
発行人／大橋 潤
編集人／西岡育子
発行所／株式会社チャイルド本社
　　　　〒112-8512　東京都文京区小石川5-24-21
電　話／03-3813-2141（営業）　03-3813-9445（編集）
振　替／00100-4-38410
印刷・製本／図書印刷株式会社

ISBN978-4-8054-0292-4
NDC376　26×21cm　104P　Printed in Japan
日本音楽著作権協会（出）許諾第2000108-002号